Ven Conmigo, ¡Mi Amado!

Claves Para Cultivar Una Vida de Intimidad Con Dios

Por David Mayorga

Publicado por

SHABAR PUBLICATIONS
www.shabarpublications.com

La mayoría de los productos de Shabar Publications están disponibles con descuentos especiales por cantidad compra para promociones de ventas, recaudación de fondos y necesidades educativas.

Para más detalles, escriba a Publicaciones Shabar al correo electronico mayorga1126@gmail.com.

Ven Conmigo, ¡Mi Amado! por David Mayorga

Publicado por Shabar Publications
3833 N. Taylor Rd.
Palmhurst, Texas 78573
www.shabarpublications.com
www.masterbuildertx.com

Editado y Traducido por Jessy Hernandez

ISBN: 978-1-955433-15-0

Contenido

Prólogo

VIDA es el resultado de la intimidad. Esto no se aplica solo en el ámbito natural sino también en el espiritual.

La palabra de Dios usa el término conocer para describir las relaciones sexuales entre un esposo y su esposa. Jesús les dijo a los falsos profetas que nunca los conoció. Esta palabra conoció o conocer sugiere más que solo una comprensión casual de alguien o algo. Decir que conoce a su cónyuge y también al cajero de su banco sugeriría dos niveles de conocimiento radicalmente diferentes. Dios desea que lo conozcamos de una manera profunda, personal e íntima.

La vida cristiana se compara con muchas cosas a lo largo de la palabra de Dios. Somos llamados ovejas, templos, edificios, vasijas, epístolas, campos, hijos, piedras, etc. Sin embargo, la única descripción que supera a todas es la de una novia.

Como cristianos, somos llamados a una relación profunda y personal con Dios que eventualmente resultará en nuestro matrimonio eterno con nuestro Esposo celestial y glorioso Salvador, el Rey Jesús.

El libro que tienes en tus manos, fue escrito con el único propósito de instruirte y animarte a profundizar tu relación con el Dios Vivo.

Jesús describió la 'vida eterna' no simplemente como una decisión tomada en el altar de una iglesia o en algún estadio hace meses o años, sino más bien... Bueno, leamos exactamente lo que dijo Jesús "Y esta es la vida eterna: que te conozcan a ti, el único Dios verdadero, y a Jesucristo, a quien has enviado." (San Juan 17:3)

La vida eterna es más que una simple decisión; es un nuevo deseo, no por el pecado, sino por Dios mismo. El Apóstol Pedro lo compara con el deseo de un bebé recién nacido por la leche de su madre.

No importa cuánto haya durado tu primera cita, puedo garantizarte que si te enamoraste de alguna manera de la persona con la que estabas, ya estabas deseando ver a esa persona una y otra y otra vez. Cuánto más nuestro eterno Amante y Salvador, el Señor Jesucristo.

En este libro tan necesario, David Mayorga expone los pasos necesarios para cultivar una relación personal e íntima con Cristo. Como cualquier relación, cuanto más tiempo inviertas en ella, más recompensa recibirás de ella.

Una de las señales que Jesús dio de su pronto regreso no solo incluía guerras y rumores de guerras, terremotos y pestilencias, etc., sino el hecho de que el amor de muchos se enfriaría

Como en todas las relaciones, es necesario mantenerlas. No hacerlo conduce a la complacencia, al compromiso, a la concupiscencia que se traduce en cuidar y acariciar a alguien o algo más. Puede que no siempre sea otra persona.

Demas, uno de los colaboradores del Apóstol Pablo dejó el ministerio debido a su gran amor por el mundo. También podría ser el amor al dinero que finalmente vence a nuestro amor por Cristo; y por eso, necesitamos guardar fervientemente nuestro corazón. Hacemos esto pasando tiempo diariamente en la presencia de Dios y Su Palabra.

Les he dicho a innumerables jóvenes que ingresan al ministerio, que la clave de su eficacia es cultivar un tiempo devocional diario con el Señor. Después de todo, el primer y principal mandamiento es: "AMARÁS AL SEÑOR TU DIOS CON TODO TU CORAZÓN, CON TODA TU ALMA Y CON TODA TU MENTE."

Así como una comida a la semana no será suficiente

para mantener un cuerpo sano, tampoco la reunión ocasional satisfará o fortalecerá nuestro espíritu.

Conozco personalmente al autor de este libro después de haber pasado muchas horas juntos, no solo en persona sino también por teléfono. En la última conversación que tuve con él, estaba completando un período prolongado de ayuno. Vive lo que predica. Ese es el tipo de hombre del que quieres escuchar y aprender.

Así que busca un lugar tranquilo y cierra la puerta; luego abra su corazón junto con la Palabra de Dios y permita que el Espíritu Santo le enseñe **"cosas maravillosas de Su ley".**

- David Ravenhill, Author
Surviving the Anointing
Siloam Springs, AR

Introducción

Cuando era un bebé cristiano, me enseñaron el gran valor de desarrollar un tiempo devocional con Dios; o como llegué a llamarlo, ¡una cita con Jesús!

Solía preguntarme por qué la gente tenía tal interioridad en las cosas de Dios. ¿Cómo es que algunos predicadores predicaban mensajes expositivos llenos de información e historia, pero mi corazón no parecía estar comprometido; y luego estaban esos predicadores que decían muy poco, pero hacían que mi corazón ardiera con fuego sagrado? Estoy seguro de que has experimentado esto.

No me tomó mucho tiempo descubrir y entender por qué Dios usó a algunos de estos siervos tan poderosamente. Habían descubierto el poder de Dios en el lugar secreto de oración; en estar a solas con Dios durante horas a la vez.

¿Qué es un Tiempo Devocional?

Un tiempo devocional es un tiempo reservado para encontrarse con Jesús en el lugar secreto de oración; sí, es el lugar donde se puede leer la Biblia, las notas de lo que Dios está diciendo actualmente a nuestro corazón se escriben en un diario y luego se le presenta el desafío de cómo caminar hacia la nueva verdad. Esto se debe hacer todos los días.

Le pregunté a mi mentor en ese momento: "¿Tengo que hacer esto todos los días?" Su respuesta cambió mi vida y me dijo: "¿Cuánto amas a Jesús? ¿Y por qué no querrías ver Su hermoso rostro todos los días?". Eso lo resolvió para mí.

Para empezar, se debe hacer un tiempo de tranquilidad todos los días: debemos avivar la llama todos los días para que no se apague. Un tiempo devocional constante es la clave que abre muchas cosas para nosotros. Mi pastor solía decirme: "¡Si no oras un día, eventualmente te alcanzará! Es posible que no veas la consecuencia el lunes o el martes o al día siguiente, ¡pero eventualmente pagarás por eso algún día!"

La práctica de ayunar y hacer vigilias nocturnas vino un poco más tarde cuando mi corazón se familiarizó más con la dulce presencia de mi Rey y mi anhelo de verlo creció.

La vida Comienza en el Interior

Después de poner en práctica estos benditos ejercicios espirituales, comencé a experimentar toda una transformación de vida. Puedo atribuir honestamente mi visión espiritual, pasión, perseverancia y celo por Dios a estos ejercicios poderosos.

Durante ese tiempo, el Salmo 42:1 se volvió muy real para mí: "Cual ciervo jadeante en busca del agua, así te busca, oh Dios, todo mi ser."

Una cosa era cierta, cuanto más practicaba mis tiempos de devocionales, más hambriento me volvía de las cosas de Dios, entonces sucedió . . .

El Llamado

Mi llamado a servir a Cristo con toda mi vida se hizo realidad. Casi parece que Dios estaba probando mi devoción hacia Él antes de revelarse a mí de manera verdadera. No fui en busca de ningún llamado a la obra del ministerio. ¡Lo que sí busqué fue más de Jesús en mi vida!

Creo que los momentos de tranquilidad son como una preparación del suelo antes de que se puedan plantar las semillas en un campo. Cuando la tierra esté lista de acuerdo con el plan de Dios, las semillas de Dios serán plantadas en ella.

Mi pasión por conocer a Cristo y darlo a conocer en todos los lugares a los que iba se convirtió en una forma de vida normal. Todavía estoy en la carrera hoy y ahora tengo más hambre que nunca en mi vida. Todavía tengo citas con Jesús todos los días, ¡y sigo enamorándome de Él una y otra vez!

Puesto que Dios ha depositado en mi corazón este conocimiento de tener y desarrollar un tiempo devocional, me he propuesto como meta diaria mantenerlo hasta el día en que Jesús me llame a casa.

Mi Pasión Al Escribir Este Manuscrito

Mi motivación para juntar estas notas nació en mi espíritu hace unos años. Mi objetivo es llevar al hambriento siervo de Jesús a un terreno más elevado en Dios; ir tras el corazón de Dios con celo ardiente; vivir una vida que será bien vivida y fortalecida por la presencia de Dios

A todos aquellos que escojan este libro para leer, recuerden las palabras de nuestro Maestro cuando dijo

"Más bien, busquen primeramente el reino de Dios y su justicia, y todas estas cosas les serán añadidas." (San Mateo 6: 33)

Si hay algo que hemos llegado a conocer en Dios es que Él es un Dios de orden. Todo lo que Dios hace, lo hace en un orden específico que le agrada. Él siempre debe ser el primero en nuestras vidas si queremos aprender sus caminos. Nuestra vida debe estar siempre revestida de humildad. Siempre debemos tomar la postura de que Dios necesita ser el primero en todo: esto incluye cada pensamiento y cada decisión, etc.

Mientras nos preparamos para sumergirnos en este manuscrito, por favor comprenda mi corazón en este asunto: he descubierto que los momentos de tranquilidad con Jesús son la fuente para conocer el corazón de los pensamientos y emociones de Dios. Es en el lugar secreto del Altísimo donde se revelan Sus secretos.

Como el gran A.W Tozer tituló uno de sus maravillosos libros, "Dios Le Dice al Hombre que Se Preocupa: Dios habla a los que se Toman el Tiempo de Escuchar," ese debería ser nuestro deseo posicionarnos para conocer el corazón de Dios.

Aparentemente, algo se está gestando en tu espíritu en el sentido de conocer a Dios más íntimamente y supongo que esa es la razón por la que elegiste este libro

Oro sinceramente para que tu corazón se llene y descubras los grandes misterios que Dios tiene reservados para ti.

Puede que no entienda toda la idea detrás de lo que he escrito, pero una cosa que he descubierto: todos mis sueños piadosos, ambiciones piadosas, todo lo que siempre espero ser, todos estos planes, están envueltos en tener tranquilidad todos los días. tiempos con Jesús!

Te desafío a que te sientes a Sus pies y aprendas Sus caminos [San Lucas 10:39.]

-David Mayorga, *Autor*

Capítulo 1

¡La Necesidad de Disciplina Personal!

"Al ir del punto A al punto B, aunque parezca fácil de hacer, ¡no lo es! Hay un puente entre los dos puntos llamado disciplina. ¡A demasiadas personas no les gusta subirse a él y mucho menos cruzarlo!" En consecuencia, nunca disfrutan de la bendición que trae el punto B."

– David Mayorga

"La mayoría de la gente quiere evitar el dolor, y la disciplina suele ser dolorosa".

- John C Maxwell

"La disciplina de escribir algo es el primer paso para hacerlo realidad."

-Lee Iacocca

"Todos sufriremos uno de dos tipos de dolor: el dolor de la disciplina o el dolor del remordimiento."

– Jim Rohn

Cuando tratamos con la palabra disciplina en cualquier foro, la gente se estremece rápidamente al escuchar la palabra. ¡No todos, pero demasiadas personas lo hacen! La disciplina es algo que hace grande a la gente si la sigue. La disciplina es una gran recompensa para los que se dejan guiar por ella. Así que . . .

¿Qué es la Disciplina?

Veamos esto: el diccionario de Longman lo define de esta manera: *la capacidad de controlar su propio comportamiento, para que haga lo que se espera que haga; también, una forma de entrenar tu mente o aprender a controlar tu comportamiento.*

La definición es clara, la disciplina es someter tu comportamiento para que pueda hacer lo que se supone que debe hacer en ti.

Los Primeros Días de la Disciplina

De joven, todavía recuerdo a mi abuelo levantándome muy temprano los sábados por la mañana para ir a trabajar con él. Programaría un césped que necesitaba ser cortado, o me llevaría con él, para vender productos en el supermercado local.

Mi queja era siempre la misma, "Voy a la escuela toda la semana; ¡Solo quiero quedarme y ver caricaturas!" Entonces él me respondía: "Dijiste que querías o necesitabas tenis nuevos, ¿no es así? ¿Cómo crees que los vas a conseguir? ¡Tendrás que trabajar para ellos! Eso resolvía mi argumento de ir a trabajar siempre.

Mis primeros entrenamientos de disciplina en la niñez no terminaron ahí, no señor. Cuando ingresé a la escuela secundaria, me uní al equipo de baloncesto masculino. Siendo que mi situación no era tan fácil como me hubiera gustado que fuera, tenía que ir a practicar temprano en la mañana. Para esto, trotaba desde casa (un poco más de dos millas de distancia) todos los días; y luego, por la noche, tuve el privilegio de hacerlo todo de nuevo: ¡correr, trotar o caminar de regreso a casa!

Si quería jugar en el equipo, tenía que llegar. Sin lloriqueos, sin llantos y sin excusas. Como diría el difunto Jim Rohn: *"¡No desees que las cosas sean más fácil; desea que tu seas mejor!"* Gracias a Dios por estos primeros desafíos.

Quiero decirles que toda esta disciplina desapercibida y no reconocida en ese momento específico de mi vida, me ayudó a desarrollar mis habilidades en todas las áreas, sin mencionar mi instinto para el juego. Me gradué siendo el Jugador Más Valioso de mi equipo en mi último año.

¡Una Cosa Lleva a la Otra!

Parecía que mis experiencias anteriores con mi abuelo y el ir a trabajar temprano los sábados por la mañana me prepararon para lo que me esperaba durante esos años de escuela secundaria. Nadie sabía que hice esto. Seguí haciéndolo hasta más tarde en la vida cuando pude conseguir un auto para ir a la escuela. Era un Ford Mustang del '67, pero bueno, era un auto que encendía y me llevaba de ida y vuelta a la escuela y luego al trabajo.

Una cosa que aprendí sobre ser disciplinado y que todavía me impacta, es esto: cada desafío de disciplina que enfrentes, solo te preparará para el próximo desafío. ¡Hará falta disciplina para llegar al otro lado sin importar qué! Disciplina hoy, mañana y siempre.

Durante mis años de escuela secundaria, también tuve un trabajo después de la práctica de baloncesto. Trabajé en una hamburguesería y mi jefe también era disciplinario. ¡Mi buena fortuna! Me enseñó a trabajar duro y ser responsable. Me enseñó a ser consciente de mi entorno y a ser creativo y productivo. También me enseñó a no perder el tiempo y estar ocioso. Si tuviera una lista de los 10 mejores mentores, ¡él estaría en ella!

Cuando dejé esa hamburguesería, estaba entrenando para ser líder de equipo. Permítanme decirlo de nuevo:

¡La Disciplina Vale la Pena!

Llevaba casado un par de meses cuando conseguí un trabajo en una empresa manufacturera. Trabajé varios años con una mujer (mi patrona) que era una disciplina total con visión. Ella era un tipo de líder serio. Ella no se anduvo con rodeos. Esperaba mucho y así a diario, era un reto trabajar para esta señora que era mi supervisora inmediata. Se esperaban los mismos principios de éxito y se tenía que aplicar el mismo orden de disciplina.

Dejé ese lugar de trabajo para unirme al ministerio de tiempo completo después de unos 5 años. La disciplina también había valido la pena allí, ya que me estaban capacitando para un puesto de supervisor.

¿Hay Alguna Razón por la Cual Dios Viene a Llamar?

Fue poco después de esta transición que Dios me permitió pastorear un pequeño grupo de personas en una pequeña iglesia en una ciudad vecina. Era mi primera oportunidad de ministerio de tiempo completo, y definitivamente el desafío más grande hasta ahora.

Fue la fidelidad de Dios entonces la que nos guardó, y es la fidelidad de Dios hoy la que continúa guardándonos.

Estoy convencido de que, si un hombre o una mujer de Dios no puede aprender disciplina, tendrán más dificultades para navegar por la vida, un trabajo, una carrera, una vocación, un ministerio o cualquier esfuerzo que lograr.

Tener grandes ideas es solo el comienzo de un esfuerzo, pero cómo llegar a la meta de ese esfuerzo es el mayor desafío de todos. Verás, la gente desea la grandeza, pero el precio a pagar es extremadamente alto. Demasiados han soñado grande, pero han fallado miserablemente! ¿Por qué? No fue por falta de conocimiento, habilidad e incluso recursos; ¡Fue porque no tenían disciplina!

Los puntos que expongo en este libro tienen que ver con un estilo de vida disciplinado. Si una persona no puede cumplir las promesas que se hace a sí mismo, nunca alcanzará su visión, sus sueños y/ o su propósito en Dios.

Mientras medita en los capítulos de este manuscrito,

sepa que debe comprometerse con cada disciplina si quiere ver resultados. Los títulos de los capítulos suenan emocionantes y factibles; pero sacarlos caminando no es tan fácil como podrías pensar.

Una vez escuché al siervo Leonard Ravenhill decir: *"¡Una experiencia con Dios que no cuesta nada, no hace nada! Deja que te cueste todo."*

Capítulo 2

¡La Disciplina de la Oración Personal!

"Luego volvió a donde estaban sus discípulos y los encontró dormidos. «¿No pudieron mantenerse despiertos conmigo ni una hora? —le dijo a Pedro—. Estén alerta y oren para que no caigan en tentación. El espíritu está dispuesto, pero el cuerpo es débil»." (San Mateo 26:40-41)

Cuando se trata de oración personal, el tema parece ser una buena idea, pero muy pocos aplican este ejercicio espiritual en sus propias vidas. Si alguna vez te has preguntado por qué tan pocas personas pasan tiempo de calidad con Dios, la respuesta es simplemente esta: ¡No es fácil! ¡Estoy casi seguro de que, si fuera fácil, todos lo estarían haciendo!

Al poner en práctica la oración personal, siempre parece surgir un enemigo contra la práctica de la misma: ¡nuestra misma carne!

La carne tiene una mente propia y no se someterá a lo que Dios desea porque es contrario. Jesús dijo: "El Espíritu a la verdad está dispuesto, pero la carne es débil".

Aparte de que la carne es débil, ¿cuál es la verdadera razón por la que a oración personal es una verdadera batalla?

Si nota que cuando la gente viene a adorar a Dios, la mayoría de la gente no tiene problema en cantar canciones al Señor, servir a Jesús como ujieres o ser parte del equipo de adoración, etc. Todas estas cosas no requieren ningún esfuerzo espiritual para alcanzarlas

Las personas tienen mucho talento y pueden cantar tan bien como cualquier celebridad; otros están bien en sus carreras y pueden darse el lujo de dar una gran ofrenda al Señor; pero todos estos son sólo méritos externos. No cuesta nada hacer esto, no realmente.

Ahora, si queremos tratar con el hombre espiritual, entonces se vuelve extremadamente costoso y, de repente, ¡no muchos quieren pagar el precio para obtener una mayor revelación de quién es Jesús!

La oración personal es la Cenicienta del cristianismo: ¡nadie la quiere! Pero para aquellos que anhelan entrar en una vida más profunda en Dios, ¡la oración personal es quizás uno de los ejercicios espirituales más poderosos para llevarnos allí!

¿Por qué existe una batalla así?

En mi opinión, la oración personal es el arma más poderosa a los ojos del diablo. No soporta a una persona que ora; me refiero a ese individuo que pasa tiempo de calidad en la presencia de Dios. Ese hombre o mujer que se deja transfigurar por la gloria de Dios en el lugar secreto.

En caso de que se esté preguntando qué constituye un tiempo de calidad en el lugar secreto de oración, permítame compartir con usted lo que creo que es este lugar secreto:

1. Es el lugar donde el siervo de Dios se humilla ante la presencia de Dios sin público que lo aplauda.

2. Es el lugar donde un hombre puede derramar sus secretos más profundos a Dios y ser transparente al más alto nivel ante un Padre amoroso.

3. Es el lugar donde la carne muere y pierde su control sobre ese hombre o mujer de Dios.

4. ¡La verdadera oración no dura 15 minutos! Guarde esto para cuando estemos almorzando y oran-

do durante el almuerzo. Un hombre debe al menos consagrar 1 a 2 horas al día en oración secreta.

5. En la medida en que te enamoras de Cristo, es en la medida en que le haces espacio al tiempo con Dios. Cuanto más lo amas, más lo buscas. ¡La regla para la oración personal se basa únicamente en cuánto lo amamos!

Debes saber que hay personas que oran en reuniones de oración y eventos especiales; luego están el hombre y la mujer de oración que pasan tiempo con Dios. ¡Quiero ser conocido como un hombre de oración! ¡Un hombre que puede inclinarse ante Dios en oración todos los días, puede estar en la presencia de cualquier hombre en cualquier momento!

¡En Desarrollar Tiempo de Calidad con Dios!

Permíteme enseñarte algunas cosas que he aprendido durante mi caminar con Cristo en lo que respecta a la oración personal. Yo personalmente he usado este método y todavía lo hago mientras viajo con Dios en mi vida y ministerio.

Simplifico mucho mi vida de oración aplicando algunos

elementos a mis oraciones. Estos elementos me mantienen enfocado y fluido en mi tiempo a solas con Dios. Aquí están:

1. *Tiempo de Adoración.* Paso tiempo en adoración tan pronto como me postro ante Él. Le digo a Jesús cuánto lo amo y lo que significa para mí. Abro mi corazón a Su corazón en adoración. Puedo pasar dos horas completas o más haciendo esto; o puedo pasar tan solo 15 minutos en adoración. Se el juez de tu tiempo.

2. *Hora de Acción de Gracias.* Dar gracias al Señor y reconocerlo como el Dador de todas las cosas que poseo es un momento poderoso para engrandecer Su Nombre. Dar gracias a Dios por la vida, la provisión, el trabajo, las oportunidades, la salud, las múltiples bendiciones y tantas cosas más siempre se le debe ofrecer a Él

3. *Tiempo para la Confesión.* Un tiempo para sentarse en silencio con pase tan solo 15 minutos en adoración. Seas el juez de tu tiempo. Dios y confesar las luchas con el pecado, el compromiso, las batallas espirituales y los males hechos a otros, o cualquier tipo de falta de perdón, deben dirigirse diariamente a Él. Cuanto más específico seas en tu confesión ante Dios, más

rápido estarás libre de culpa y vergüenza

4. *Tiempo de intercesión:* En este momento, puede orar por otras personas. Siempre se debe orar por amigos, enemigos, personas salvas o no salvas. Creo que la oración de intercesión es la forma más elevada de oración. Se debe hacer una lista de los nombres de las personas por las que desea orar. Ore por 3 a 5 de esas personas en la lista diariamente. Cuando terminas tu lista, comienzas en la parte superior de nuevo. Una cosa a tener en cuenta es esto: cuando oras por alguien, el Señor puede revelarte una idea de sus vidas. Siéntase libre de compartir esta "palabra" con ellos como el Señor te guíe en su tiempo y en su camino.

5. *Plazo por petición:* Este es el momento en que llevamos nuestras peticiones a Dios. A veces necesitamos dirección, a veces necesitamos liderazgo, a veces necesitamos cosas materiales para pasar la semana; cualquiera que sea la necesidad, llévala ante el Señor. ¡Él quiere saber sobre eso!

6. *Hora de escuchar.* Finalmente, siempre incluyo un tiempo para escuchar a Dios. Este es un momento en el que no dices nada. Quédate quieto ante Él. Puedes estar en silencio esperando que Él te hable

"una palabra" o te guíe. Aprende a estar en silencio ante Él. Esto suena fácil pero no lo es. Inténtalo.

Ahora que he presentado un método simple para orar en su tiempo personal, vayamos al grano. Haga todo lo posible para hacer esto todos los días y constantemente a la misma hora. Otra nota es que debe hacer todo lo posible para obtener los 6 puntos diariamente en su tiempo con Dios. Puedes orar tanto como quieras y como el tiempo te permita; sólo recuerda, tu grado de amor por Él siempre te guiará en tu tiempo de oración secreta.

Capítulo 3

¡La Disciplina de la Lectura de la Biblia!

"¡Cuán bienaventurados son los de camino perfecto[a],
los que andan en la ley del SEÑOR!
2 ¡Cuán bienaventurados son los que guardan sus testimonios,
y con todo el corazón le buscan!
3 No cometen iniquidad,
sino que andan en sus caminos.
4 Tú has ordenado tus preceptos,
para que los guardemos con diligencia.
5 ¡Ojalá mis caminos sean afirmados
para guardar tus estatutos!
6 Entonces no seré avergonzado,
al considerar[b] todos tus mandamientos.
7 Con rectitud de corazón te daré gracias,
al aprender tus justos juicios.
8 Tus estatutos guardaré;
no me dejes en completo desamparo.
9 ¿Cómo puede el joven guardar puro su camino?
Guardando tu[c] palabra.
10 Con todo mi corazón te he buscado;
no dejes que me desvíe de tus mandamientos.
11 En mi corazón he atesorado tu palabra,

para no pecar contra ti."

(Salmos 119:1-11)

"Porque la palabra de Dios es viva y eficaz, y más cortante que toda espada de dos filos; y penetra hasta partir el alma y el espíritu, las coyunturas y los tuétanos, y discierne los pensamientos y las intenciones del corazón. Y no hay cosa creada que no sea manifiesta en su presencia; antes bien todas las cosas están desnudas y abiertas a los ojos de aquel a quien tenemos que dar cuenta." (Hebreos 4:12, 13)

"Toda la Escritura es inspirada por Dios, y útil para enseñar, para redargüir, para corregir, para instruir en justicia, a fin de que el hombre de Dios sea perfecto, enteramente preparado para toda buena obra." (2 Timoteo 3:16-17)

¡Manual de Dios para la Vida!

En la Biblia, el versículo 2 dice así: ¡Cuán bienaventurados son los que guardan sus testimonios, y con todo el corazón le buscan!"

Cuando un hombre o una mujer de Dios es verdaderamente tocado por el Espíritu de Dios, se manifiesta un anhelo de conocer a Cristo.

La devoción por el conocimiento de Dios a través de la oración y la lectura de la Biblia adquiere un significado completamente nuevo.

He visto a creyentes recién nacidos de nuevo ser encendidos por el Espíritu de Dios y un profundo anhelo y gemido por más de Jesús se apodera de sus vidas.

¿Por qué sucede esto en algunos y no en otros está más allá de mí? Todo lo que sé, es que cuando un hombre es tocado por Dios, su vida se altera de una manera verdaderamente sorprendente. Entonces, ¡mantén el anhelo por más de Jesús!

El Poder Penetrante de la Palabra de Dios

He dedicado este capítulo a aquellos que anhelan a Dios y Su palabra. Una cosa es segura, sin la Palabra de Dios, un siervo de Dios no podrá permanecer en este mundo inicuo.

El siervo de Dios que se ha posicionado para aprender los caminos de Dios, descubrirá lo que Dios piensa y lo que Dios desea de él.

Es en la disciplina real del estudio y la meditación que se dan estas revelaciones de la verdad. Si uno desea conocer a Dios en Su Palabra, sin duda encontrará a Dios

Si está listo para leer Su palabra y se ha puesto con todo su corazón en la voluntad de Dios para aprender Sus caminos, permítame compartir con usted algunas ideas que he descubierto al abrir su corazón a la Palabra revelada de Dios.

El Espíritu de la Palabra

Una de las cosas que pensé como joven discípulo de Jesús, fue siempre ser guiado por el Espíritu de Dios en mi lectura de la Biblia.

Primero, uno debe saber lo que el Espíritu le estaba diciendo al escritor. ¿Cuál fue la intención de Dios al hablar con el autor? ¿Qué estaba tratando de transmitir el escritor a sus oyentes? ¿Fue una exhortación, una advertencia, los elogió, o tal vez los reprendió o corrigió?

Primero debemos saber lo que el escritor le está diciendo a la audiencia original.

En segundo lugar, debemos preguntarle a Dios cómo se aplican estas palabras a mí como individuo. ¿Qué me está diciendo Dios personalmente a través del autor en lo que estoy leyendo? Mientras nos preguntamos, ¿Qué me está diciendo Dios? – Debemos tener espíritu de humildad y disponibilidad para escuchar las palabras que estamos leyendo como directivas de Dios para nuestra vida.

A medida que abrimos nuestro espíritu al Espíritu de Dios, escucharemos Su voz y podremos permitir estos depósitos sagrados en nosotros.

¡Seré Transformado!

La transformación comienza en mí cuando permito que el Espíritu de Su palabra y Su intención original descarguen sobre mí Su gloriosa verdad reveladora.

En Hebreos 4:12, la Escritura dice lo siguiente: "Porque la palabra de Dios es viva y eficaz, y más cortante que toda espada de dos filos; y penetra hasta partir el alma y el espíritu, las coyunturas y los tuétanos, y discierne los pensamientos y las intenciones del corazón."

Permítanme compartir con ustedes mi mentalidad y

método mientras medito a través de Su Palabra:

1. Debo reconocer que Su Palabra está viva y es poderosa.

2. Su Palabra es más cortante que toda espada de dos filos y penetra y divide mi alma y mi espíritu.

3. Su Palabra expone, tamiza, analiza y juzga mis pensamientos e intenciones de mi propio corazón

4. Cuando estoy en una meditación en Su palabra, estoy completamente expuesto e indefenso a sus ojos.

Honrando y Respetando la Palabra de Dios

"Toda la Escritura es inspirada por Dios, y útil para enseñar, para redargüir, para corregir, para instruir en justicia, a fin de que el hombre de Dios sea perfecto, enteramente preparado para toda buena obra." (2 Timoteo 3:16-17)

¿Creo que la Palabra de Dios es la mente revelada de Dios? Por supuesto ¿Hay alguna autoridad superior a la Palabra de Dios? ¡Absolutamente no! El siervo de Jesús debe poner todo su ser bajo la dirección de este manual de vida y permitir dejarse llevar por ella.

Cuando se debate sobre asuntos relacionados con Dios: Dios siempre tiene razón; el hombre siempre se equivoca.

Todo lo que Dios quiso revelar al hombre, lo hizo en Su Palabra. ¡Lo que Dios no quería revelar al hombre, no lo hizo! Eso lo resuelve para mí. Dado que las Escrituras son inspiradas por Dios, debemos prestarle un corazón y una mente abiertos.

A medida que uno abre mente y corazón para recibir de Dios, tome en cuenta que Sus palabras están listas para salir de las páginas a su corazón. Entonces, el Señor comenzara a:

1. *Dar instrucciones.* Él desea que tú y yo conozcamos Sus caminos, Sus pensamientos, Sus intenciones esto incluye todas las áreas de nuestra vida. Sé que nosotros como seres humanos somos muy inteligentes. Estamos saturados de información de todos los rincones del mundo, solo que lo único que no sabemos es lo que no sabemos, ¡O quizás no sabemos cómo deberíamos saber o qué deberíamos saber! Por eso Dios habla a nuestro espíritu, que a su vez influye en todo

nuestro ser.

2. *Para redargüir y corregir el pecado.* La Palabra de Dios a veces nos corrige en nuestros caminos rebeldes. Nos devuelve al centro de la voluntad de Dios. Dios no permitirá que nos desviemos del camino por mucho tiempo. Él entrará y traerá reprensión a nuestra forma de pensar que está afectando nuestro estilo de vida. ¡Recuerde siempre que los caminos de Dios son diferentes a los nuestros!

3. *Para instruir en justicia.* Además, la palabra de Dios no solo nos corregirá, sino que también nos presentará las acciones correctas a tomar, para que podamos hacer los cambios necesarios que agradarán a Dios. Debemos vivir para agradarle a Él y sólo a Él.

4. *Para que seamos completos.* Es el deseo de Dios traer plenitud al hombre de Dios al educarlo en los caminos y propósitos de Dios. Es solo cuando el hombre de Dios está caminando y viviendo en el centro de la voluntad de Dios, que Dios es honrado por él.

Distintos Métodos de Lectura

Hay muchos libros escritos sobre diferentes formas de

leer y estudiar la Biblia. Muchos tienen métodos de estudio que se enfocan en la historia, otros estudian personajes de la Biblia, otros aman estudiar el lado poético de las Escrituras y otros están en el estudio de la profecía y las perspectivas escatológicas. Ya sea que le guste un estilo u otro, eso se lo dejo a usted, el lector.

Diré que he descubierto un método que se adapta mejor a mi deseo y búsqueda del corazón de Dios, y ese método es leer mi Biblia en meditación profunda. No me malinterpreten: me encanta estudiar mi Biblia en todas las áreas que mencioné, pero la meditación profunda es mi favorita.

En la meditación profunda, yo personalmente uso un esquema de Leer la Biblia en un año. He tenido durante la mayor parte de mi caminar cristiano. Esto me mantiene fluyendo diariamente en mis momentos de tranquilidad. Solo leo pequeñas porciones al día y esto se hace a propósito. Verá, solía leer la Biblia completa al menos 3 veces al año en un momento; entonces creció mi hambre por las cosas del Espíritu. Ahora leo mi Biblia una vez cada 3 años.

Disfruto tomando el sol y sumergiéndome en su presencia cuando leo. ¡Así es como Dios y yo tenemos esta increíble relación de amor!

Es mi oración sincera que usted desarrolle su propia relación de amor con Jesús. ¡Que anheles más de él ¡

Capítulo 4

¡La Disciplina del Tener un Diario!

"Y él me enseñaba, y me decía:
Retenga tu corazón mis razones,
Guarda mis mandamientos, y vivirás.
Adquiere sabiduría, adquiere inteligencia;
No te olvides ni te apartes de las razones de mi boca;
No la dejes, y ella te guardará;
Ámala, y te conservará.
Sabiduría, ante todo; adquiere sabiduría..."
(Proverbios 4: 4-7)

"Y el SEÑOR me respondió: «Escribe la visión, y haz que resalte claramente en las tablillas, para que pueda leerse de corrido." (Habacuc 2:2)

"Que se escriba esto para las generaciones futuras, y que el pueblo que será creado alabe al Señor." (Salmos 102:18)

¿Por qué Utilizar un Diario?

Al leer la palabra de Dios, dependiendo de tu deseo de entender y la disposición de tu corazón para ser enseñado, ¿recibirás mucha sabiduría para tu vida diaria? Al ponderar o meditar versículos en las Escrituras, la verdad saldrá de esos versículos, y no querrás perderte todo lo que Dios te está hablando actualmente. Querrá tomar nota de ello y escribirlo

Sí, estas notas tienen tanto poder para transformar tu corazón y tu mente, que querrás escribirlas y prestar atención a sus instrucciones.

A medida que permita que estas verdades actuales entren en su corazón y mente y luego fluyan a través de sus manos mientras escribe, se producirá en usted un profundo trabajo místico. Entonces se le recordará constantemente lo que se escribió. Creo que el Espíritu Santo usará todo lo que has escrito para comenzar un proceso de transformación.

Diarios Distintos Para Personas Diferentes

Se ha interpretado que llevar un diario significa cosas diferentes para diferentes personas.

Para algunos, llevar un diario significa escribir oraciones. Para otros, significa escribir peticiones de oración o anotar las oraciones contestadas. He visto a otros escribir diarios de sus encuentros con Dios o llevar un diario de eventos mientras caminan con Dios.

Un amigo mío solía llevar un diario de todas las cosas por las que estaba agradecido mientras el Señor seguía bendiciendo su vida.

El Arte de Escribir

Creo que la escritura es arte. Al escribir pensamientos que vienen del corazón, se libera una expresión en el mundo. Para mí, el arte es una expresión de lo que ve el corazón.

Hace años, leí un artículo que elogiaba el valor de escribir o llevar un diario. Este artículo aludía al hecho de que cualquier tipo de arte tiene el efecto de ralentizarnos lo suficiente como para que podamos escuchar nuestro ser interior. Esta experiencia, a su vez, nos ayuda a reflexionar, contemplar o ayudarnos a digerir la sabiduría que vamos anotando.

Cuando nos volvemos intencionales acerca de nuestra escritura, nos volvemos conscientes de todo lo que estamos poniendo en papel. He notado que las notas escritas a mano son más poderosas que escribirlas en una máquina de escribir o en una computadora. Por alguna razón, lo que está escrito tiene un impacto más deliberado en la mente y el corazón. Tal vez sea solo yo, pero me ha mantenido en marcha durante todos estos más de 35 años.

El Estilo de Mi Diario

Al escribir mi diario, he desarrollado el hábito de poner un título y una fecha a mis entradas diarias. Esto siempre me ayuda cuando me refiero a él. ¿Por qué querría referirme a él? Bueno, hay momentos en que la sequedad espiritual golpea o el desánimo llega como un diluvio a mi vida; es en momentos como estos, que el Espíritu de Dios me recordará algo que he leído, meditado o estudiado en mi diario. Es verdaderamente beneficioso a largo plazo en asuntos espirituales.

Una de las cosas que he aprendido en la vida hasta ahora es esta: si estás haciendo planes para vivir una vida que tenga un impacto de alguna manera, debes prestar atención a los detalles. Cada pequeña cosa que hagas, pagará grandes dividendos al final. ¡Cada pequeño esfuerzo que haga (ya sea que alguien lo reconozca o no) lo recompensará de gran manera más adelante en la vida! Como la Escritura nos ha enseñado en la ley de sembrar y cosechar, ¡se aplica a todo en nuestras vidas! ¡Siembra grandes cosas en el presente, para que puedas cosechar grandes cosas en el futuro! Esta es una disciplina diaria.

¡Dejar un Legado!

Para cerrar este capítulo, permítanme agregar una nota que ha estado en mi corazón. Cuando llegué al reino de Dios, debo admitir que no me gustaba leer y la idea de escribir algo en papel nunca había pasado por mi mente desde que escribía ensayos en la escuela secundaria. No estoy seguro de cuándo exactamente, pero algo sucedió en mí...

Un deseo de leer comenzó a mover mi corazón y comencé a comprar libros en tiendas de segunda mano, ventas de garaje y en la librería cristiana local. Compraba un libro aquí y allá y mi amor por la lectura comenzó cuando busqué el corazón de Dios.

Siempre leo pensando en el autor. Me hacía preguntas como: "¿Por qué dijo esto el autor? O "¿Cómo conoce a Cristo tan bien?" Al leer biografías o autobiografías, comencé a hacer preguntas serias como: "¿Por qué dejaron todo para seguir a Dios al lugar más oscuro de la

India, África, América del Sur, etc.?"

La idea de que dejarían todo atrás para seguir a Jesús a donde Él los llevaría, y lo escribirían en un libro, me impactó tan profundamente!

Dejar notas escritas en forma de libro o en forma de diario, impactó mi vida de una manera muy profunda y entonces entendí el poder de la palabra escrita.

Empecé a escribir mis pensamientos y los pensamientos de Dios en papel después de eso. La gente me preguntaba: "¿Por qué estás escribiendo notas? Solo respondería "¡Le estoy dejando un legado a otra persona!"

¡Puede ser que sus hijos o los hijos de sus hijos nunca vuelvan a ser los mismos debido a su diario personal en los misterios de Dios! ¿Lo has pensado seriamente? Mi deseo de escribir en un diario mis pensamientos sinceros sobre Dios y lo que Él me estaba diciendo personalmente nació en mí, porque alguien más lo hizo pensando en mí. Esta es mi oración: "Aun en la vejez y las canas, oh Dios, no me desampares, Hasta que anuncie tu poder a la posteridad, Y tu potencia a todos los que han de venir." (Salmos 71:18)

Capítulo 5

¡La Disciplina del Ayuno!

"Luego el Espíritu llevó a Jesús al desierto para que el diablo lo sometiera a tentación. Después de ayunar cuarenta días y cuarenta noches, tuvo hambre." (Mateo 4:1-2)

Ayunar es un acto temporal de abnegación. Al pasar sin comer por un breve período, nos hacemos más conscientes de nuestra necesidad de sustento diario. El ayuno parece ralentizar la vida para que seamos más conscientes de Dios y de cómo Él se mueve en medio de nosotros y hace Sus maravillas.

Durante estos tiempos de ayuno, enfocamos nuestra atención en Dios y todo lo que Él tiene reservado para nosotros. El ayuno tiene una forma de hacernos más receptivos a las cosas del Espíritu y nos enseña acerca de nosotros. ¡Nada expone nuestro verdadero "yo," como un buen ayuno!

Una vez que nos veamos a nosotros mismos como realmente somos, nacerá en nosotros la verdadera humildad. Es esta humildad la que produce el verdadero arrepentimiento. Una vez que nos arrepintamos, el río del poder de Dios comenzará a fluir nuevamente a través de nuestras vidas. Es en este lugar donde nos damos cuenta de que vivir nuestra vida para el honor y la gloria de Dios, ¡es de lo que se trata la vida!

¡*Torcer el Brazo* de Dios Mediante del Ayuno!

A lo largo de mi vida cristiana, he oído a personas enseñar sobre el ayuno. Escuché a algunos predicadores y maestros decir que el ayuno es una buena forma de obtener lo que deseas. En otras palabras, ayuna para poder torcer el brazo de Dios. Dios verá tu sacrificio y te dará lo que estás pidiendo. Esto puede ser o no ser.

Una cosa que he aprendido en mi investigación y práctica del ayuno, es que Dios está más interesado en tener todo de mí que en que yo obtenga mi "lista de juguetes o necesidades."

Cualquiera que haya estado caminando con Dios por una buena cantidad de tiempo, sabe que el enemigo más grande que enfrentamos es nuestro egoísmo.

Nada es más poderoso que cuando uno mismo tiene el control.

A través del "yo," obstaculizamos a Dios. A través del "yo," nos perdemos la voluntad de Dios. ¡Sí, es a través del "yo" que los milagros, las señales y las maravillas no se verán en nuestras vidas!

¡Cómo superar el "Yo"!

He escuchado a creyentes decir: "Quiero ayunar para poder perder peso."

Otros dicen: "Estoy ayunando para poder conseguir el auto que quiero o necesito". Otros son más espirituales y dicen: "¡Quiero ayunar para poder ver un avivamiento y para que mi iglesia pueda crecer!"

Aunque Dios puede responder a nuestros deseos sinceros a través del ayuno, permítanme decir que no entendemos el punto del ayuno.

Soy una persona sencilla en lo que se refiere a teología y disciplinas cotidianas; entonces, mi idea del ayuno es simple: ¡Ayuna para que puedas poner la carne bajo sujeción y Dios se salga con la suya en ti! Deja de desear cosas externas y aprende humildad y quebrantamiento a toda costo. ¡Con todas tus ganancias, quebrántate!

El ayuno elimina la incredulidad (un fruto de la carne)
"Después los discípulos se acercaron a Jesús y, en privado, le preguntaron: —¿Por qué nosotros no pudimos expulsarlo? —Por la poca fe que tienen —les respondió—. Les aseguro que, si tuvieran fe tan pequeña como un grano de mostaza, podrían decirle a esta montaña: "Trasládate de aquí para allá", y se trasladaría. Para ustedes nada sería imposible." (Mateo 17:19-20)

Cuando la carne está en control de nuestras vidas, produciremos frutos que desagradan al Señor. Déjame mostrarte: cuando la carne está dirigiendo nuestras vidas, terminaremos pecando contra Dios. Puede parecerte extremo, pero sé por experiencia que la carne traerá corrupción a tu vida. ¡Será doloroso y degradante, por no mencionar vergonzoso!

Cuando caminamos en la carne, ¡solo podemos pecar! Andar en la carne nos hace impotentes en los asuntos del Espíritu; débil cuando sigue la voluntad de Cristo; y si eso no es suficiente, confundidos en la vida sin la guía del Espíritu de Dios que provee liderazgo para todas las áreas de nuestra vida.

En el texto anterior, los discípulos vinieron a Cristo después de haber sido avergonzados por un espíritu demoníaco – no pudieron expulsarlo del hijo poseído por el demonio. Escuche: "Y cuando llegaron a la multitud, se le acercó un hombre, se arrodilló ante Él y le dijo: "Señor, ten piedad de mi hijo, porque es epiléptico y sufre mucho; porque muchas veces cae en el fuego y muchas veces en el agua. Así que lo traje a tus discípulos, pero no pudieron curarlo". (Mateo 17:14-16) "Respondiendo Jesús, dijo: ¡Oh generación incrédula y perversa! ¿Hasta cuándo he de estar con vosotros? ¿Hasta cuándo os he de soportar? Traédmelo acá." (Mateo 17:17)

El problema aquí era la fe, o la falta de ella. Jesús lo reveló.

El tema que debemos aprender es el siguiente: los discípulos eran débiles e impotentes – ¡no es que el demonio fuera más poderoso que Cristo! Los discípulos eran carnales e incrédulos; por lo tanto, no había nada que pudieran hacer para curar a este niño poseído por un demonio. ¡Jesús dijo que el verdadero problema aquí es la incredulidad! Este tipo de incredulidad solo sale a través de la oración y el ayuno.

Cuando el "yo" está en control, nuestras vidas son impotentes para seguir la voluntad de Dios.

¡Sin Sustitutos para Obtener el Poder de Cristo!

Aunque uno pueda ser intelectual, inteligente, habilidoso y carismático, esto no lo convierte en una persona con poder espiritual, ¡En lo que se refiere al reino de Dios, ese hombre es espiritualmente pobre e impotente!

El poder espiritual solo se puede encontrar en Cristo y en nuestra entrega diaria a su Espíritu. Vivir una vida humilde y quebrantada ante Dios es la clave para el poder espiritual y la ascendencia [dominio.]

Una persona humilde y quebrantada ante Dios puede que no se vea poderosa exteriormente, pero cuando comienza a orar, el infierno se estremecerá, los demonios temblarán y Dios a través de la oración de intercesión establecerá Su orden divina.

Las cosas no se ponen en divina orden por armas naturales y estrategia; ¡las cosas de Dios se ponen en marcha a través de la oración de intercesión!

El ayuno: ¿Cómo? ¿Por qué?

Permítanme escribir esta pequeña parte de este capítulo y compartir con ustedes mi experiencia sobre por qué ayuno y cómo practico mi ayuno.

El "por qué" ayuno se hace con dos cosas en mente: La primera es que ayuno porque lo necesito. Comprender cómo opera mi carne en mí y cómo quiere descarrilar mi vida de la voluntad de Dios, me motiva a entrar en modo de guerra. Ayuno ante todo para mantenerme bajo control ante Dios.

En segundo lugar, también ayuno según me guía el Espíritu Santo. Hay una sensación de que me meto en mi corazón y en mi mente para ayunar. Luego le preguntaré al Espíritu Santo cuánto tiempo debo ayunar. Él siempre me mostrará, y simplemente lo hago.

Hago todo lo posible por ser fiel a mis tiempos de ayuno. Me tomo en serio mis días de ayuno y me comprometo a hacerlo. Esto debe hacerse si desea completar el proceso durante el tiempo que sea necesario. No es fácil, pero incluso eso, requiere disciplina y mucha.

¿En Qué Consiste Mi Ayuno?

Como dije antes, soy simple cuando se trata de mi teología y prácticas espirituales diarias; entonces, cuando ayuno, ayuno. Entonces, veinticuatro horas sin comer (sólo líquidos) constituye un día de ayuno. Si estoy haciendo 3 días de ayuno, esto significa que estaré sin comer nada durante 72 horas. ¡Es así de simple!

Hay tantas formas de ayunar por lo que he descubierto en mi investigación; pero para ser honesto, sabiendo lo que sé sobre la carne y cómo la comida la fortalece (a la carne); cuando ayuno, no quiero comer nada.

Entonces, cuando escucho que alguien quiere hacer un ayuno, lo animo a no comer durante la duración del ayuno. La carne es muy astuta y no quiere ser enjaezada o puesta en sujeción, especialmente al Espíritu de Dios.

Entonces, la carne siempre se compromete con nosotros y dice: "Solo ayuna hasta las 12 p.m." o "Haz un ayuno de Daniel". ¡La carne hará cualquier cosa para mantenerse con vida! Toma nota de esto en tu propia vida.

Finalmente, si está bajo el cuidado de un médico y está tomando medicamentos, consulte a su médico antes de iniciar cualquier tipo de ayuno. Puede ser que su sistema inmunológico no tome bien el ayuno y lo afecte negativamente.

No soy médico, pero he visto personas enfermarse o tener efectos secundarios debido al ayuno extensivo o al ayuno prolongado.

¡Busca ser tan espiritual como puedas, pero sé sabio también!

Capítulo 6

¡La Disciplina de Caminar en Humildad y Quebrantamiento!

"La actitud de ustedes debe ser como la de Cristo Jesús, quien, siendo por naturaleza[a] Dios, no consideró el ser igual a Dios como algo a qué aferrarse. Por el contrario, se rebajó voluntariamente, tomando la naturaleza[b] de siervo y haciéndose semejante a los seres humanos. Y, al manifestarse como hombre, se humilló a sí mismo y se hizo obediente hasta la muerte, ¡y muerte de cruz! Por eso Dios lo exaltó hasta lo sumo y le otorgó el nombre que está sobre todo nombre, para que ante el nombre de Jesús se doble toda rodilla en el cielo y en la tierra y debajo de la tierra, y toda lengua confiese que Jesucristo es el Señor, para gloria de Dios Padre." (Filipenses 2:5-11)

En mi caminar con Dios, me he dado cuenta de que hay un puñado de elementos importantes que hacen que este caminar cristiano funcione. Aunque hay muchos ejercicios espirituales que podemos poner en práctica, no creo que haya un sustituto para estos dos elementos específicos: la humildad y el quebrantamiento.
He observado de cerca a través de los años cómo Dios

ha elegido a algunas personas para que le sirvan en diferentes niveles y siempre me he fijado en lo que hace que esos vasos (no perfectos de ninguna manera) pero sobresalientes, por decir lo menos

Mientras observaba y me enfocaba en lo que hizo impactantes a estos cambiadores del mundo, noté que, en el centro de su ser, practicaban la humildad y eran vasos rotos debido a su voluntad de poner a Dios primero antes que sus propios deseos y necesidades.

Humildad Piadosa

Estoy seguro de que puedo navegar en el diccionario Webster u Oxford para encontrar una definición de la palabra humildad; pero creo que Dios me dio una definición más adecuada para aquellos que se atreven a caminar con Él. Mi definición de humildad es tan simple como 1, 2, 3.

En pocas palabras, la humildad significa "poner a Dios primero en todas las cosas." Esta es una definición mejor que todas las que he leído, Poner a Dios primero en todas las cosas es exactamente lo que hizo Jesús. Él puso los deseos del Padre primero; ¡sí, Él puso el plan de Dios para la humanidad primero, ¡antes que Su propio plan de tener (lo que llamaríamos) una vida normal! Jesús mismo dijo: "Porque he bajado del cielo no para hacer mi voluntad, sino la del que me envió." (Juan 6:38)

La Disciplina de la Humildad

¿Cuál es entonces la disciplina de la humildad? Tener una disciplina de humildad es vivir con la conciencia de la humildad siempre ante ti; un estado de alerta a los impulsos del Espíritu Santo y sensibilidad a este estado mental. Siempre consciente de que no vives para ti sino para el Rey Jesús. ¿Estás recibiendo esto?

Caminar en la disciplina de la humildad es caminar enjaezado por el Señor. No eres tuyo y caminas en esta realidad. ¡Entiendes que tu vida NO se trata de ti, sino de Él y de lo que Él te ha comisionado a hacer!

Ser capaz de seguir a Dios como Él desearía, es hacer exactamente lo que Jesús hizo cuando vino a la tierra.

La Escritura en Filipenses dice acerca de Cristo que Él no pensó en la igualdad con Dios. Aunque Él era Dios, ¡Él no usó Sus credenciales como tales! ¡No señor! "[Él] se despojó a sí mismo [de todos los privilegios y dignidad legítima,] para asumir la apariencia de un sirviente.

Caminar en la disciplina de la humildad significa precisamente esto: un caminar diario de despojarse de sus privilegios y dignidad legítima, para asumir la apariencia de un esclavo".

¡Quebrantamiento!

¿Qué es el quebrantamiento? El quebrantamiento es estar tan muerto para uno mismo y tan vivo para Dios, que tu carne no tiene el poder o la influencia para impedir que obedezcas a Dios, ¡no importa lo que Él te pida que hagas!

Mientras que la humildad es más una devoción interna y sincera para poner a Dios primero; quebrantamiento, es la acción realizada por el anhelo del Espíritu Santo queriendo liberarse a través del vaso humano.

Con mi corazón y mi mente, le digo a Dios: "¡Lo que tú quieras que haga, Jesús, lo haré!" Aun así, es con mis acciones, cuando Dios me dice, "Ok David. ¡Quiero que hagas esto por mí!" Y le obedezco sin demora. ¡Liberar el deseo del Espíritu Santo a través de mi vida es quebrantamiento!

La disciplina del quebrantamiento se puede ilustrar mejor con la historia de la mujer con el frasco de alabastro de perfume costoso, escuche esto:

"En Betania, mientras estaba él sentado a la mesa en casa de Simón llamado el Leproso, llegó una mujer con un frasco de alabastro lleno de un perfume muy costoso, hecho de nardo puro. Rompió el frasco y derramó el perfume sobre la cabeza de Jesús. Algunos de los presentes comentaban indignados: —¿Para qué este desperdicio de perfume?" (Marcos 14:3-4)

Caminar en la disciplina del quebrantamiento tiene varias características. Algunas de ellas se pueden aprender aquí en esta historia. La mujer se acercó a donde estaba sentado Jesús y procedió a ungirlo rompiendo un frasco de alabastro de perfume precioso y costoso.

El quebrantamiento está dispuesto a quebrantar los deseos de la carne para agradar a Dios. Cuando un individuo camina en quebrantamiento, está dispuesto a hacer cualquier cosa para agradar a Dios. ¡Cualquier cosa que se atreva a interponerse en el camino, puede estar seguro de que la romperán o triturarán en pedazos! Todo por el bien de Cristo. ¡Ven la necesidad de derramar cada gota de perfume costoso sobre el cuerpo de Cristo!

Para vivir en la disciplina del quebrantamiento, uno debe entender la mentalidad del Apóstol Pablo hasta el fondo, cuando dijo, "Y él murió por todos, para que los que viven ya no vivan para sí, sino para el que murió por ellos y fue resucitado." (2 Corintios 5:15). Esta es la mentalidad de aquellos que caminan en quebrantamiento.

En segundo lugar, una persona que camina en quebrantamiento, nunca pondrá valor en la caja externa o en la vasija, sino en lo que está dentro de ella. En este caso, el costoso aceite precioso era la cosa de valor. Esto simboliza los deseos y anhelos del Espíritu Santo. ¡Estos siempre son más valiosos que cualquier cosa que este mundo pueda permitirse!

Finalmente, a esos siervos que caminan en quebrantamiento no les importa quién está mirando, si hay gente o no gente. Solo hacen cosas para la audiencia de Uno, ¡solo para Jesús!

La crítica, el miedo, la duda, la incredulidad o las preferencias personales no tienen ningún derecho sobre estas vasijas rotas; ¡sí, estos que han sido crucificados por Cristo y ya no viven para sí mismos!

Capítulo 7

¡La Disciplina de Esperar!

"La impaciencia es fruto de la inmadurez."
-Autor desconocido
Pon tu esperanza en el SEÑOR; ten valor, cobra ánimo;
¡pon tu esperanza en el SEÑOR! (Salmo 27:14)

Esperar algo nunca es un momento de alegría para nadie. Cuando le pregunta a cualquier persona si le gusta
esperar, casi todos le dirán cuánto odian esperar cualquier cosa.

A la gente no le gusta esperar los resultados de las
pruebas, los diagnósticos médicos, esperar en la fila del
supermercado, en la fila del banco, en la ventanilla del
autoservicio, etc.

Es obvio que esperar no es la experiencia favorita de
nadie. Sin embargo, en el Señor, la espera parece ser
un componente clave en la vida de aquellos que son
escogidos por Él.

Si tuviera que hacer una conjetura segura, Dios elige a
las personas que han aprendido la disciplina de esper-

ar tareas especiales. Sé que esperar en el Señor suena como algo bueno de hacer, pero para ser honesto, todos realmente odian hacerlo.

Todos queremos respuestas y resultados ahora; ¡no más tarde, y definitivamente no mañana o la próxima semana o el próximo mes!

Esperar es una de esas cosas que funcionan en el carácter de un individuo. Es tal herramienta para el desarrollo de una persona en las partes internas de su vida, que pasarla por alto o descuidarla parecería incorrecto. Esperar es una herramienta que Dios usa para ejercitar nuestra resolución y devoción a Jesús, nuestro Señor.

Una vez que Dios vea que podemos manejar la disciplina de esperar, Él nos comisionará en consecuencia, ¡pero no antes! A través de pruebas pequeñas e insignificantes, Dios obrará en nosotros.

Cada prueba está haciendo su obra perfecta en nosotros, aumentando en intensidad cada vez, hasta que el Señor nos prepare para la tarea que tiene para nosotros.

Quiero mostrar cómo esta disciplina de esperar juega

un papel muy importante en nuestra vida, trabajo, carrera y ministerio ante Dios.

Moisés, el Siervo Humilde

A propósito, Moisés era muy humilde, más humilde que cualquier otro sobre la tierra (Números 12:3).

Moisés no siempre fue manso; Moisés no siempre fue amable y gentil, por no decir humilde. Moisés en un tiempo, era lo opuesto a esto. Era impaciente y duro. No fue un hombre muy templado en un momento. Pero Dios obró en él durante toda su vida.

El Señor le dijo a Moisés: «Sube a encontrarte conmigo en el monte, y quédate allí. Voy a darte las tablas con la ley y los mandamientos que he escrito para guiarlos en la vida». Moisés subió al monte de Dios, acompañado por su asistente Josué, pero a los ancianos les dijo: «Esperen aquí hasta que volvamos. Aarón y Jur se quedarán aquí con ustedes. Si alguno tiene un problema, que acuda a ellos». En cuanto Moisés subió, una nube cubrió el monte, y la gloria del Señor se posó sobre el Sinaí. Seis días la nube cubrió el monte. Al séptimo día, desde el interior de la nube el Señor llamó a Moisés. A los ojos de los israelitas, la gloria del Señor en la cumbre del monte parecía un fuego consumidor. Moisés se internó en la nube y subió al monte, y allí permaneció cuarenta días y cuarenta noches. (Éxodo 24:12-18)

La Escritura dice que Dios llamó a Moisés a subir a la montaña porque quería darle las tablas de piedra con las enseñanzas y los mandamientos. Después de escalar la montaña, en realidad no sucedió nada en la montaña durante casi 6 días. ¡Lo único que Moisés podía ver era una capa de nubes!

¡Permitiendo que la Impaciencia Gobierne!

Una cosa que he notado acerca de algunos creyentes es que los que tienen un comportamiento de naturaleza calmada en realidad no luchan contra la impaciencia tanto como aquellos que tienen una mentalidad con celo y visión para conquistar el mundo.

Cuando no permitimos que nuestra naturaleza pecaminosa se someta al Señor, para venir a la cruz de Cristo y morir, nos convertiremos en una bomba de relojería andante.

Bajo las circunstancias adecuadas y en el momento adecuado, saldremos del fondo y permitiremos que nuestra carne cree algo debido a nuestra impaciencia. ¡Nuestra carne sólo sabe pecar! Siempre engendrará corrupción y destrucción. Entonces, esperar es clave si queremos ver la mano de Dios moverse de manera piadosa. ¡Esperar definitivamente no es para los débiles de corazón!

¿Te imaginas a Moisés lidiando con su impaciencia en este mismo momento? Casi puedo ver este escenario: Moisés podría haber perdido los estritos y haber dicho: "Me voy a casa; ¡olvídate de esta tontería! ¿Qué tipo de broma me está jugando Dios? ¿Dónde está Él de alguna manera? A medida que pasaban las horas, ¡la impaciencia crecía!

La mayoría de nosotros ya nos hemos ido a casa, pero no Moisés, entonces la Palabra de Dios dice: "y en el séptimo día el Señor llamó a Moisés de dentro de la nube".

Verás, la disciplina de esperar había valido la pena para Moisés. Ahora estaba en un lugar divino donde ahora podía recibir la revelación de Dios. ¡Esto es lo que estamos buscando!

No dejes que tu impaciencia te robe nada más.

Capítulo 8

¡La Disciplina de la Obediencia!

Cuando se trata de obediencia, no es tan fácil como parece; la obediencia requiere acción. Si uno no sigue la marcha del baterista, puede quedarse atrás y estar desincronizado.

¡La Obediencia Es y Siempre Implicará Acción!

La obediencia es la palabra que hace que las cosas se realicen. Dios puede tener una excelente idea, plan o estrategia; pero si no tenemos la fe para creer lo que Él nos está diciendo, no le obedeceremos. ¡No veremos ni experimentaremos lo que Dios quiere hacer en nosotros ya través de nosotros!

Permítanme analizar esta palabra *obediencia* solo por el bien del estudio.

Obediencia en el *Diccionario de Oxford* la tiene como *cumplimiento de una orden, solicitud o ley o sumisión a la autoridad de otro.* En términos simples, esto significaría que quienquiera que tenga autoridad sobre ti, podría pedirte que hagas algo. Si haces lo que se te pide, estarás caminando en obediencia.

Cuando tratamos con la obediencia desde una perspectiva secular total, significa obedecer o estar en sumisión a la autoridad de otro. Pero cuando le agregas el *factor* de Jesús, por así decirlo, lo cambia de una mera petición, a una búsqueda apasionada de agradar a Dios. Puede que no lo veas como tal, pero si me lo permites, déjame mostrarte de qué se trata esta mentalidad.

¡Funciona Como un Esclavo de Jesús!

Sé que la palabra esclavo podría ser una mala palabra en un sentido y cuando agregas la palabra Jesucristo a la ecuación, casi hace que su uso sea contradictorio.

Alguien puede decir: "¿Cómo puedes hablar de esclavitud o de ser esclavo de algo cuando Cristo nos ha hecho libres?" Muy buen punto.

Ahora, permítanme aclarar mi punto al presentar a este nuevo hombre hecho a la imagen de Cristo: ¡un esclavo de Jesús! Este es el tipo de hombre que Dios nos llamó a ser cuando nos salvó y nos transfirió a Su reino.
Tú y yo éramos esclavos del enemigo. La carne, el diab-

lo, el mundo, todos estos tiranos nos controlaban. Éramos esclavos de estos elementos malvados. ¡Nosotros, por nuestro propio deseo, estábamos cautivos de estas cosas hasta que Cristo vino a liberarnos!

Ahora, la libertad de Cristo vino a nosotros en el momento perfecto para que podamos ser libres de estos tiranos; a cambio, nos convertiríamos en sus siervos (sus esclavos, por así decirlo). fuimos comprados con precio, ¡uno caro además! Entonces, hemos sido liberados del pecado para que podamos ser esclavos de Cristo. El Apóstol Pablo lo expuso de esta manera: "Pablo, siervo de Cristo Jesús, llamado a ser apóstol, apartado para anunciar el evangelio de Dios," (Romanos 1:1.)

Es mi creencia que, para ser un esclavo efectivo, uno debe aprender a obedecer a su Amo. En nuestro caso como creyentes, Cristo no es nuestro "amigo", ¡Él es nuestro Señor, Rey y Maestro! ¡Él toma las decisiones! ¡Mi trabajo es solo obedecer al Cordero de Dios dondequiera que Él me guíe!

Dicho esto, mi oración es que nuestra obediencia pueda adquirir un entendimiento completamente nuevo. Servir a Cristo es una vida de obediencia total.

La devoción a medias no tiene cabida en el reino de Dios. Servir a nuestro Rey y Maestro no es para los débiles, tímidos. Es un llamado al abandono de toda terrenalidad. A deshacer todas las cuerdas que nos pueden atar a nuestra naturaleza anterior

No nos hacemos obedientes al Señor Jesús porque "tenemos que hacerlo"; nos volvemos obedientes a Jesús nuestro Maestro porque "¡El nos da el privilegio de ser Sus esclavos!"

La Disciplina de la Obediencia

En la disciplina de la obediencia, aprendemos a vivirla siendo conscientes en todo momento de nuestra vida. Cada decisión, cada pensamiento, cada palabra que escuchamos y cada palabra que decimos, sin mencionar las acciones que tomaremos, todo esto debe aprovecharse y someterse al Señorío de Cristo en obediencia a Su voz. Debe ser nuestro deseo honrar a Jesús cumpliendo todos sus deseos.

¡Marchar al son de Su tambor, es el llamado de todo verdadero siervo de Jesús!

Rápido Para Escuchar; ¡Rápido Para Obedecer!

Mi mentor siempre me decía: *"Cuando Dios te llama a hacer algo por Él y sabes muy bien que Él te está pidiendo que le obedezcas, ¡sé rápido para escucharlo y para obedecerlo!"*

Un siervo de Jesús que todavía duda y juega con Dios, siempre estará en medio de la valla con sus emociones, sus decisiones, su voluntad, su propia agenda, esclavizado por sus propias ambiciones, planes, metas e ideas.

Este hombre o mujer de Dios, a lo largo de su caminar cristiano, dudará en el mejor de los casos y, en consecuencia, sus vidas serán improductivas para Dios.

Escuchen la sabiduría del Apóstol Santiago como bien lo expresa en su carta: "Pero que pida con fe, sin dudar, porque quien duda es como las olas del mar, agitadas y llevadas de un lado a otro por el viento. Quien es así no piense que va a recibir cosa alguna del Señor; es indeciso e inconstante en todo lo que hace."

Al cerrar este capítulo, por favor escuche mi corazón en todo esto. Cuando Cristo murió por nosotros, no fue solo para que pudiéramos unirnos a un grupo de la iglesia y disfrutar de hermosos servicios acompañados de gran música de alabanza y adoración, predicaciones y enseñanzas asombrosas, y pasar un buen rato en la presencia de Dios.

Cuando Cristo murió por nosotros, fue para que nos prestáramos a Él plenamente para que Él llene nuestras vidas con Su gloria; entonces, debíamos ser luz para el mundo (los perdidos) y decirles ¡cuántas cosas grandes ha hecho Dios por nosotros!

Ser una expresión de la gloria de Dios en la tierra es el mandato supremo, aparte del encuentro diario con Dios en el lugar secreto de oración. Como diría apasionadamente el difunto siervo de Dios David Wilkerson: *"¡Todo ministerio debe nacer de la intimidad con Dios!"*

Ruego que estas notas ayuden, de alguna manera, a llevarnos a este lugar. Bendiciones.

Capítulo 9

¡La Disciplina de la Perseverancia!

Permítanme compartir un capítulo más en esta maravillosa búsqueda de Dios. Déjame hablarte de la perseverancia. La perseverancia significa perseverancia en *hacer algo a pesar de la dificultad o la demora en lograr el éxito.*

Esta es una de esas palabras que muchos cristianos usan en la conversación, pero no practican. ¿Por qué no lo practican? ¡Porque no es fácil de hacer! Otros piensan que la perseverancia es una palabra "pulida y fresca" para usar cuando se está con compañeros cristianos; y, sin embargo, para otros, ¡la palabra perseverancia nunca ha pasado por sus mentes!

La perseverancia no es una palabra que los cristianos *carnales* conozcan; es más una palabra hecha a la medida del discípulo hambriento de Jesús.

Para el hombre espiritual, la perseverancia es una palabra que debe ser discernida espiritualmente. ¡La carne no quiere tener nada que ver con la perseverancia!

Aprendamos sobre esta gran disciplina espiritual de la perseverancia.

"Por tanto, hermanos, tened paciencia hasta la venida del Señor. Mirad cómo el labrador espera el precioso fruto de la tierra, aguardando con paciencia hasta que reciba la lluvia temprana y la tardía." (Santiago 5:7)

La perseverancia nos habla del tiempo. Perseverar básicamente significa que debemos seguir pidiendo algo que se prometió. ¡Oremos hasta que se manifieste! ¡Ahora, perseverar definitivamente no es para los débiles de corazón!

Las personas que perseveran son de otra raza. Puede que no estés de acuerdo conmigo en esto, pero he vivido lo suficiente y he conocido a Dios lo suficiente como para saber que a menos que uno esté dispuesto a perseverar y obtener lo prometido, nunca verá la promesa en su plenitud.

Permítanme compartir lo que creo que es el corazón de Dios en el asunto de esperar la manifestación de cualquier promesa dada o palabra profética dada.

"¡Lo Quiero Ahora!"

Los creyentes tienen un mal hábito y no es diferente a los incrédulos. El hábito es que piensan que la vida funciona como un horno de microondas. ¡La gente tiene la idea de que podemos encender y apagar la vida con solo tocar un interruptor! ¿Has notado esto?

La terrible sensación de no encajar en una camisa o pantalones nuevos, debe ser uno de los sentimientos más repugnantes de la historia. No poder perder peso lo suficientemente pronto para la próxima reunión de familia; y no poder entrar en ese traje o ese hermoso vestido para la ocasión, es un sentimiento terrible. Sé que estoy haciendo esto más dramático de lo que parece; pero sabes exactamente lo que quiero decir.

Hay cosas que no puedes cambiar de la noche a la mañana; tomarán tiempo y disciplina para ver resultados.

¡La Ley de Siembra y Cosecha!

"No se engañen: de Dios nadie se burla. Cada uno cosecha lo que siembra" (Gálatas 6:7).

¡La ley de la siembra y la cosecha siempre está presente y siempre en acción! No podemos eliminarla; no podemos borrarla; no podemos ignorarla; ¡y no podemos negarla! Cuando se trata de la ley de la siembra y la cosecha, ¡todos estamos bajo su poderosa mano!

Sí, todos seremos responsables cuando lleguen los resultados; ¡Todo saldrá en el lavado!

Por lo tanto, sería de gran sabiduría aprender su principio y redirigir nuestra vida basando nuestra nueva comprensión de ella. Aprendamos lo que significa y cómo podemos ser mejores dirigidos por esta ley.

¡Enamorado del Ahora!

¡Por alguna extraña razón, los creyentes piensan que Dios les dará a ustedes y a mí lo que queremos o necesitamos ahora! ¡La gente viene a nuestras reuniones con la esperanza de que Dios haga un trabajo especial ahora mismo! Eso es lo que se dicen a sí mismos cuando conducen a la iglesia: "¡Quiero que Dios haga un milagro para mí ahora!" O "¡Espero que tal y tal esté orando por la gente, para poder participar y recibir mi milagro!" Etc.

Este es el grito típico en la vida de las personas de hoy. ¡Necesitan algo y lo necesitan ahora!

¿Creo que Dios puede hacer un milagro basado en la fe de las personas? ¡Absolutamente! Creo que Dios puede sanar o alcanzar a cualquiera en cualquier momento. Creo que las personas en extrema necesidad pueden obtener una respuesta de inmediato o incluso mientras conducen a la reunión de oración. Nunca he dudado de que Dios trabaje de esta manera.

Ahora, si esta es la forma que ha elegido para vivir su vida, entonces buena suerte con ella. Pronto sucederá que Dios tendrá que sentarte y tener una conversación seria contigo sobre los principios de tu vida.

No puede ser que vivas tan irresponsablemente; y con esto me refiero a la negligencia, a la rebeldía y a la ignorancia religiosa, bajo falsas enseñanzas que se mueven en la fe metafísica y se fundan en la codicia y el egoísmo; ¡y luego espera que Dios te ayude a través de tu necedad! Te lo estoy diciendo; ¡eso no sucederá!

Caminar en el Diseño de Dios

Cuando el Señor nos da una palabra, una promesa profética, etc., está esperando que hagas algo con ella. Déjanos ver:

"De nuevo comenzó Jesús a enseñar a la orilla del lago. La multitud que se reunió para verlo era tan grande que él subió y se sentó en una barca que estaba en el lago, mientras toda la gente se quedaba en la playa. Entonces se puso a enseñarles muchas cosas por medio de parábolas y, como parte de su instrucción, les dijo: «¡Pongan atención! Un sembrador salió a sembrar. Sucedió que al esparcir él la semilla, una parte cayó junto al camino, y llegaron los pájaros y se la comieron. Otra parte cayó en terreno pedregoso, sin mucha tierra. Esa semilla brotó pronto porque la tierra no era profunda; pero, cuando salió el sol, las plantas se marchitaron y, por no tener raíz, se secaron. Otra parte de la semilla cayó entre espinos que, al crecer, la ahogaron, de modo que no dio fruto. Pero las otras semillas cayeron en buen terreno. Brotaron, crecieron y produjeron una cosecha que rindió el treinta, el sesenta y hasta el ciento por uno." » El que tenga oídos para oír, que oiga», añadió Jesús." (San Marcos 4:1-9)

El Sembrador fue a sembrar, dice la Escritura. Este es Dios mismo sembrando su palabra. ¿Dónde lo está sembrando? Lo está sembrando en la tierra. La Biblia nos enseña que este Sembrador sembró semilla en cuatro diferentes tipos de terrenos: Junto al camino, pedregales, espinosos y, finalmente, en buena tierra. La tierra es el corazón del creyente. No limpiará la tierra ni la preparará; esta es la responsabilidad del creyente.

A nosotros nos toca hacer buen uso de la tierra y debemos cultivarla, y tenerla siempre preparada para cuando Él hable.

¡Cultivando la Semilla!

Al cultivar la semilla, uno debe aprender a preparar primero siempre su corazón (la tierra) para recibir esa palabra profética o promesa. Por cierto, ¡ya sabes qué tipo de terreno tienes ante ti!

Una vez que la semilla está en la tierra, tu tierra; es vuestro deber cultivarlo regándolo. Debes saber que es tu promesa; ¡es tu futuro! O lo preparas o no.

Después de esto, esperas y esperas y esperas, hasta que ves la planta saliendo de la tierra. Esto lleva tiempo en caso de que no te hayas dado cuenta. A medida que crece día a día, usted todavía está llamado a trabajarlo y cultivarlo. No te alejes de él; no lo consideres como algo sin valor, recuerda, ¡es tu futuro!

Empiezas a ser más intencional con tu plantita sabiendo que tiene un efecto prometedor que te favorece. Entonces, cavas a su alrededor, mantienes limpio el suelo a su alrededor; incluso construirás una valla a su alrededor para protegerlo. ¿Por qué? ¡Porque es tu futuro!

Mantener la concentración hasta el final no es fácil. Se necesita perseverancia; ¡se necesita disciplina!

¡La Fruta Está Aquí!

Finalmente, un día, comienzas a comer de su fruto. ¡Los resultados se basarán únicamente en su obediencia, responsabilidad, cultivo, perseverancia y disciplina!

Cuando inspeccione su fruta y vea que es deliciosa y digna de compartir con alguien más, ¡la compartirá con alegría! Por lo general, si algo no sabe bien, no lo compartirás; pero si has hecho tu parte para hacer realidad esta promesa; ¡Sepa que Dios ha hecho Su parte!

¡Este es el diseño de Dios para nosotros los que creemos!

Capítulo 10

Opciones y Notas de Ayuno

Opción de ayuno #1:

- 24 horas constituyen un día de ayuno.
- No comer es ayunar.
- Ayuna 40 días completos sin alimentos, pero bebe líquidos. A menos que el Señor le haya dicho que ayune sin beber agua ni líquidos, beba tantos líquidos como sea necesario.
- Pase tiempo diario de calidad en oración y en la Palabra de Dios.
- Siga algunos de los principios descritos en este libro. También, siga la Guía de Oración y Ayuno en el capítulo 11 de este libro.
- No olvides llevar un diario.

Opción de ayuno #2:

- Ayuna hasta las 6 p. m. todos los días durante 40 días.
- Pase tiempo diario de calidad en oración y en la Palabra de Dios.
- Siga algunos de los principios descritos en este libro. También, siga la Guía de Oración y Ayuno en el capítulo 11 de este libro.

- No olvides llevar un diario.

Opción de ayuno #3:

Ayuna en diferentes momentos

- Lunes ayuno hasta las 12pm.
- Martes ayuno hasta las 3 p. m.
- Miércoles ayuno hasta las 6 p. m.
- Jueves ayuno hasta las 9 p. m
- Viernes ayuno ¡TODO el día!
- El sábado comienzas el proceso de nuevo, comenzando a las 12 pm
- Pase tiempo diario de calidad en oración y en la Palabra de Dios.
- Siga algunos de los principios descritos en este libro. También, siga la Guía de Oración y Ayuno en el capítulo 11 de este libro.
- No olvides llevar un diario.

Nota especial: "Cuando ayunamos, derribamos al viejo hombre, la carne; cuando oramos y leemos la Palabra de Dios, ¡nuestro espíritu se eleva más alto! ¡Si ayunamos y oramos, solo Dios conoce el potencial de lo que podemos llegar a ser en Sus manos!"

-pd.

Capítulo 11

Guía de Oración y Ayuno

¿ESTOY EN CRISTO?

Día 1: ¿Estoy en la Fe? ¿Soy Realmente Nacido de Nuevo? ¿Qué Tan Salvo Soy?

Escrituras:

"Examínense para ver si están en la fe; pruébense a sí mismos. ¿No se dan cuenta de que Cristo Jesús está en ustedes? ¡A menos que fracasen en la prueba!" (2 Corintios 13:5)

"Porque tanto amó Dios al mundo que dio a su Hijo unigénito, para que todo el que cree en él no se pierda, sino que tenga vida eterna." (San Juan 3:16)

A. Evalúe su caminar personal con Dios hoy. Pregúntese de forma profunda estas preguntas personales:

1. ¿Es tu corazón puro ante Dios? Si no es así, pídele a Dios que te lave en Su sangre y renueve tu amor por Él.

2. Su "creencia" en Dios parece débil o ¿inexistente? Luego tómese un tiempo hoy para hablar con Él acerca de cómo desea renovar su caminar espiritual con Él y ser completamente restaurado en su relación con Él.

Diario: ¿Qué me está diciendo Dios?
*Fecha:*_____

_____

_____

_____

_____

_____

_____

_____

_____

_____

Día 2: Confesiones Verdaderas

Escrituras:

"Si confesamos nuestros pecados, él es fiel y justo para perdonar nuestros pecados, y limpiarnos de toda maldad." (1 San Juan 1:9)

1. Abre tu corazón a Dios hoy y derrama tu corazón ante Él confesando cualquier cosa que traiga convicción a tu propio corazón sabiendo que estas cosas desagradan el corazón del Señor.

2. Sé específico con tus pecados tanto como puedas A veces es una buena idea anotar todos los pecados que el Espíritu Santo recuerda y luego arrepentirse de cada uno de ellos mientras los escribe.

Diario: ¿Qué me está diciendo Dios?
Fecha: _____

_____

_____

_____

_____

_____

_____

_____

_____

_____

_____

Día 3: ¡Camina en el Perdón!

Escrituras:

"Por tanto, para que sean borrados sus pecados, arrepiéntanse y vuélvanse a Dios, a fin de que vengan tiempos de descanso de parte del Señor." (Hechos 3:19)

1. Hágase las siguientes preguntas sobre el pedón:
   - ¿He recibido el perdón de Dios?
   - ¿He perdonado a los que me han ofendido?
   - ¿He pedido perdón a aquellos a quienes he ofendido?

Diario: ¿Qué me está diciendo Dios?
Fecha: _____

_____

_____

_____

_____

_____

_____

_____

_____

Día 4: ¡El Poder de la Sangre!

Escrituras:

"En él tenemos la redención mediante su sangre, el perdón de nuestros pecados, conforme a las riquezas de la gracia." (Efesios 1:7)

1. Después de arrepentirse y ser lavado en la sangre de Jesús, ¿sigue luchando con la culpa, la vergüenza o la duda acerca de su nueva posición en Cristo?

2. La mayoría de nuestras experiencias en el Señor y especialmente nuestras confesiones, son hechas por fe.

3. Debemos abrazar lo que Jesús dijo, ¡entonces debemos aferrarnos hasta que lleguen los sentimientos y las emociones!

Diario: ¿Qué me está diciendo Dios?
Fecha: _____

_____

_____

_____

_____

_____

_____

_____

_____

_____

Día 5: ¡Una Actitud del Reino!

Escrituras:

"Porque el reino de Dios no es cuestión de comidas o bebidas, sino de justicia, paz y alegría en el Espíritu Santo." (Romanos 14:17)

1. Debemos abrazar lo que Jesús dijo, ¡entonces debemos aferrarnos hasta que lleguen los sentimientos y las emociones!

2. Sepan siempre que Dios es su Padre, y Él siempre los guiará por el camino correcto.

Diario: ¿Qué me está diciendo Dios?
Fecha: _____

_____

_____

_____

_____

_____

_____

_____

_____

_____

Día 6: ¿Has Conocido al Acusador de los Hermanos?

Escrituras:

"Luego oí en el cielo un gran clamor: «Han llegado ya la salvación y el poder y el reino de nuestro Dios; ha llegado ya la autoridad de su Cristo. Porque ha sido expulsado el acusador de nuestros hermanos, el que los acusaba día y noche delante de nuestro Dios." (Apocalipsis 10:12)

1. El diablo es conocido como el acusador de los Hermanos. Su objetivo es mantenernos continuamente bajo la culpa y la vergüenza, ¡encajonados en el fracaso!

2. Cuando el acusador [el diablo] viene a nosotros, debemos por fe, permitir que el Espíritu de Dios levante un estandarte en su contra y refuerce el poder de la sangre y cómo Cristo lo ha derrotado en la cruz

del Calvario.

3. Sepa que Cristo también resucitó en forma corporal después de tres días de la tumba. El diablo odia escuchar esto, así que recuérdale este hecho.

4. ¡Cuando el diablo te recuerda tu pasado, recuerda él de su futuro!

Diario: ¿Qué me está diciendo Dios?
Fecha: _____

_____

_____

_____

_____

_____

_____

_____

_____

_____

_____

Día 7: ¡Si Pecas!

Escrituras:

"Mis queridos hijos, les escribo estas cosas para que no pequen. Pero, si alguno peca, tenemos ante el Padre a un intercesor, a Jesucristo, el Justo." (1 Juan 2:1)

1. ¡Solo porque luchas con cierto pecado, no significa que el juego ha terminado! El enemigo es un experto en hacerte sentir como un "perdedor".

2. Al enemigo le encantaría que renunciaras a Dios en este mismo momento, ¡pero no te rindas! ¡Sepa que Jesús lo ha perdonado y está en camino a la victoria!

3. Sepa que Dios le ha proporcionado un Abogado para que hable por usted: Su nombre es Jesucristo. Habla con Él sobre tu lucha, arrepiéntete de cualquier pecado conocido y disfruta de Su perdón.

4. ¡Él ha prometido guardarnos hasta el final!

Diario: ¿Qué me está diciendo Dios?
Fecha: _____

_____

_____

_____

_____

_____

_____

_____

_____

_____

_____

¡UNA VIDA RENDIDA A DIOS!

Día 8: ¡Un Deseo Divino!

Escrituras:

"Luego dijo Jesús a sus discípulos: —Si alguien quiere ser mi discípulo, tiene que negarse a sí mismo, tomar su cruz y seguirme". (San Mateo 16:24)

1. Una vez que un hombre o una mujer nazcan de nuevo y sean lavados en la sangre preciosa de Jesús, entrarán en el reino de Dios. Entonces se le presenta una vida de entrega a ese individuo; a darlo todo por seguir a Cristo en el mundo en que vive.

2. La primera parte a Mateo 16:24, trata del

deseo. Jesús dijo: "Si alguno quiere venir ser mí discípulo..." La palabra *deseos* en griego significa *"estar inclinado a; consentir."*

[ ] ¿Hay algo dentro de ti que te mueve profundamente a seguir a Jesús?

[ ] Si lo hace, ¡entonces siga su inclinación!

Diario: ¿Qué me está diciendo Dios?
Fecha: _____

_____

_____

_____

_____

_____

_____

_____

_____

_____

_____

Día 9: ¡Negarse a Sí Mismo!

Escrituras:
"Luego dijo Jesús a sus discípulos: —Si alguien quiere

ser mi discípulo, tiene que negarse a sí mismo, tomar su cruz y seguirme". (San Mateo 16:24)

- Negar en griego significa, *"tomar algo por la fuerza; capturar en la guerra."*

1. Negarse a sí mismo significa tomar cautivos todas nuestras ideas y deseos carnales y egoístas, como en una guerra. El "yo" debe ser tomado por la fuerza. ¡No se irá de otra manera.

Diario: ¿Qué me está diciendo Dios?
Fecha: _____

_____

_____

_____

_____

_____

_____

_____

_____

_____

_____

Día 10: ¡Tomar Tu Cruz!

Escrituras:

"Luego dijo Jesús a sus discípulos: —Si alguien quiere ser mi discípulo, tiene que negarse a sí mismo, tomar su cruz y seguirme." (San Mateo 16:24)

- "Tomar o levantar una cruz" en griego significa, "obediencia a la voluntad de Dios declarada por Jesús. También significaba disposición para la abnegación y el martirio en el seguimiento de Jesús."

- ¿Está tu corazón dispuesto para seguir a Jesús hasta la muerte? Evalúa tu corazón ante Dios.

- ¡Recuerde siempre que un hombre que cargaba una cruz fuera de las puertas de la ciudad nunca volvería! ¡Nunca volverás a tu vida normal después de haberle entregado tu corazón a Jesús!

- Si verdaderamente vienes a Jesús y le entregas todo tu corazón, ¡sabes que te arruinarás por lo ordinario!

Diario: ¿Qué me está diciendo Dios?
Fecha: _____

_____

_____

_____

_____

_____

_____

_____

_____

_____

_____

_____

Día 11: ¡Una Vida Intercambiada!

Escrituras:

"He sido crucificado con Cristo, y ya no vivo yo, sino que Cristo vive en mí. Lo que ahora vivo en el cuerpo, lo vivo por la fe en el Hijo de Dios, quien me amó y dio su vida por mí." (Gálatas 2:20)

- ¿Entiendes Gálatas 2:20? ¿Has entregado tu vida hasta el punto en que quieres lo que Dios quiere?

- ¿Has cambiado tu vida por la de Él?

- ¿Has renunciado a tus propios planes y ambiciones por Dios?

- ¿Has abrazado Su voluntad para tu vida?

Diario: ¿Qué me está diciendo Dios?
Fecha: _____

_____

_____

_____

_____

_____

_____

_____

_____

_____

_____

Día 12: ¡No Vivir Para Mí Mismo!

Escrituras:

"Y él murió por todos, para que los que viven ya no vivan para sí, sino para el que murió por ellos y fue resucitado." (2 Corintios 5:15)

1. La vida cristiana tiene que ver con morir a uno

mismo y aceptando la voluntad de Dios.

2. Sólo cuando se entrega todo a Dios, se puede servir como instrumento de Dios en el mundo.

3. ¿Estas permitiendo ser un instrumento de Dios para el mundo?

Diario: ¿Qué me está diciendo Dios?
Fecha: _____

_____

_____

_____

_____

_____

_____

_____

_____

_____

_____

Día 13: ¿Has Contado el Costo?

Escrituras:
"Porque ¿quién de vosotros, queriendo edificar una torre, no se sienta primero y calcula los gastos, a ver

si tiene lo que necesita para acabarla? No sea que después que haya puesto el cimiento, y no pueda acabarla, todos los que lo vean comiencen a hacer burla de él, diciendo: Este hombre comenzó a edificar, y no pudo acabar." (San Lucas 10:28)

1. ¡Seguir a Jesús no es barato! los que seguirlo primero debe calcular el costo. Te costará mucho, ¡tu misma vida!

2. ¡Seguir a Jesús no está en la mesa de VENTA!

3. ¿Estás dispuesto a pagar lo que sea necesario para SEGUIRLO?

Diario: ¿Qué me está diciendo Dios?
Fecha: _____

_____

_____

_____

_____

_____

_____

_____

Día 14: ¡ Libertad para Seguir!

Escrituras:

"Porque el que ha muerto ha sido libertado del peca-do." (Romanos 6:6)

1. Parte de la entrega a Cristo es el hecho de dejando atrás el viejo yo, la vieja naturaleza. Si uno no comprende que debe morir para la carne primero, ¡ese individuo nunca pensará en entregarse completamente a Jesús!

2. ¿Has muerto a ti mismo?

3. ¿Has sido liberado de esa naturaleza pecaminosa que una vez te mantuvo cautivo a sus hábitos y maneras?

Diario: ¿Qué me está diciendo Dios?

Fecha: _____

_____

_____

_____

_____

_____

_____

_____

_____

_____

¡DESARROLLANDO UN OÍDO PARA ESCUCHAR A DIOS!

**Día 15: ¡Escuchando a Dios para un Reposiciona-
miento Espiritual!**

Escrituras:

"Yahweh le había dicho a Abram: "Vete de tu tierra, de tu familia y de la casa de tu padre, a la tierra que yo te mostraré. ¡Haré de ti una gran nación; ¡te bendeciré y engrandeceré tu nombre; Y serás una bendición. ¡Bendeciré a los que te bendijeren, y maldeciré a los que te maldijeren; Y en ti serán benditas todas las familias de la tierra. " Entonces Abram se fue como el SEÑOR le había dicho, y Lot se fue con él". (Génesis 12:14)

1. Debemos aprender a escuchar a Dios y confiar en Él plenamente cuando llegue el momento de dar pasos hacia el futuro.

2. Moviéndose con Dios hacia nuestro futuro, a veces requiere que dejemos ir las cosas que nos atan al presente.

3. Recuerda siempre: no puedes avanzar si te aferras al presente.

4. Si Dios nos llama a movernos, nos movemos. ¡Si Dios nos dice quedémonos, nos quedamos!

Diario: ¿Qué me está diciendo Dios?
Fecha: _____

_____

_____

_____

_____

_____

_____

_____

_____

_____

Día 16: ¡Escuchar a Dios para Desarrollar una Obediencia más Profunda!

Escrituras:

"Aconteció después de estas cosas que probó Dios a Abraham, y le dijo: ¡Abraham! Y él dijo: "Aquí estoy". Entonces dijo: Toma ahora tu hijo, tu único, Isaac, a quien amas, y vete a tierra de Moriah, y ofrécelo allí en holocausto sobre uno de los montes que yo te diré. Entonces, Abraham se levantó temprano en la mañana y aparejó su asno, ¡y tomó consigo a dos de sus jóvenes ya Isaac su hijo; y partió la leña para el holocausto y se levantó y fue al lugar que Dios le había dicho. Entonces, al tercer día, alzó Abraham sus ojos y vio el lugar de lejos. Y Abraham dijo a sus jóvenes: "Quédense aquí con el asno; el muchacho y yo iremos allá y adoraremos, y volveremos a ti. Entonces, ¡Abraham tomó la leña del holocausto y la puso sobre Isaac su hijo; y tomó el fuego en su mano, y un cuchillo, y se fueron los dos juntos. Pero Isaac habló a Abraham su padre y le dijo: "¡Padre mío!". Y él dijo: "Aquí estoy, hijo mío". Entonces dijo: "Mira, el fuego y la leña, pero ¿dónde está el cordero para el holocausto?" Y Abraham dijo: "Hijo mío, Dios se proveerá de cordero para el holocausto". (Génesis 22:1-8)

1. Habrá momentos en que Dios nos hablará para probar nuestro nivel de adoración. ¿Lo amamos más que cualquier otra cosa en nuestras vidas?

2. ¿Estamos dispuestos a entregar todo lo que es valioso? a nosotros, para que le agrademos? Evalúe esto en su propio caminar con Él.

3. Dios desea que seamos rápidos para escucharlo y que seamos rápidos para obedecerle siempre. Este es verdaderamente el llamado de aquellos que quieren seguirlo de cerca.

4. Isaac simboliza un posible ídolo en nuestra propia vida. ¿Nos estamos aferrando a un ídolo o estamos comprometiendo nuestro amor a algo o alguien más que a Jesús?

Diario: ¿Qué me está diciendo Dios?
Fecha: _____

_____

_____

_____

_____

_____
_____
_____
_____
_____
_____

Día 17: ¡Aprendiendo a Escuchar a Dios al Entrar en Tierra Santa!

Escrituras:

"Estaba Moisés apacentando el rebaño de Jetro su suegro, sacerdote de Madián. Y llevó el rebaño a la parte de atrás del desierto, y llegó a Horeb, el monte de Dios. Y se le apareció el Ángel de Jehová en una llama de fuego en medio de una zarza. Entonces él miró, y he aquí, la zarza ardía con fuego, pero la zarza no se consumía. Entonces Moisés dijo: "Ahora me desviaré y veré este gran espectáculo, por qué la zarza no arde". Entonces, cuando el SEÑOR vio que él se desviaba para mirar, Dios lo llamó de en medio de la zarza y le dijo: "¡Moisés, Moisés! Y él dijo: "Aquí estoy".

Luego dijo: "No os acerquéis a este lugar. Quítate las sandalias de los pies, porque el lugar donde estás es tierra sagrada." (Éxodo 3:1-5)

1. Nunca entramos en nada a menos que el

Señor nos atraiga o nos llame allí. Moisés fue llamado a very experimentar a Dios a través de la zarza ardiente.

2. ¿Estás escuchando los impulsos e invitaciones de Dios a una vida más profunda en Él?

3. Quitarse las sandalias representaba la cesión de los derechos personales. ¿Has entregado tus derechos a Jesús

4. ¿Ha orado: "Dios, todo lo que tengo es tuyo", y realmente lo dijo de corazon? Reflexione en esto.

Diario: ¿Qué me está diciendo Dios?
Fecha: _____

_____

_____

_____

_____

_____

_____

_____

_____

_____

Día 18: ¡Escuchar a Dios Cuando Se Siente Indigno!

Escrituras:

"Y el Ángel de Jehová vino y se sentó debajo de la encina que estaba en Ofra, la cual era de Joás abiezerita, mientras su hijo Gedeón trillaba trigo en el lagar, para esconderlo de los madianitas. Y se le apareció el Ángel de Jehová, y le dijo: ¡Jehová está contigo, hombre valiente y valiente! Gedeón le dijo: "Señor mío, si el Señor está con nosotros, ¿por qué nos ha sucedido todo esto? ¿Y dónde están todos sus milagros que nos contaron nuestros padres, diciendo: '¿No nos hizo subir el SEÑOR de Egipto?' Pero ahora el SEÑOR nos ha desamparado y nos ha entregado en manos de los madianitas." Entonces Jehová se volvió hacia él y dijo: Ve con esta fuerza tuya, y salvarás a Israel de la mano de los madianitas. ¿No te he enviado yo?" (Jueces 6:16)

"Pero lo necio del mundo escogió Dios para avergonzar a los sabios, y lo débil del mundo escogió Dios para avergonzar a lo fuerte..." (1 Corintios 1:27)

1. Cuando Dios llamó a Gedeón, no llamó a él porque era calificado, hábil, inteligente o valiente. Lo llamó porque Dios necesitaba un vaso débil por el que pudiera fluir a través

de. Necesitaba un hombre que cediera a Su voz y siguiera Sus mandamientos. Gedeón era ese hombre!

2. ¿Está luchando con su propia autoestima?

3. ¿Te sientes indigno de ser usado por Dios?

4. ¿Se siente descalificado? Si te sientes descalificado, entonces eso te califica para ser usado por Dios. ¡Que el diablo no te diga lo contrario!

Diario: ¿Qué me está diciendo Dios?
*Fecha:*_____

_____

_____

_____

_____

_____

_____

_____

_____

_____

Día 19: ¡Escuchar a Dios al Entrar en Batallas Espirituales!

Escrituras:

"Y David consultó a Jehová, diciendo: Si yo persigo a esta tropa, ¿los alcanzaré? Y él le respondió, persíguelos porque seguramente los alcanzarás, y sin falta los recuperarás todo." (1 Samuel 30:8)

1. Cuando en batallas espirituales, es sabio para el siervo del Señor para volverse a la voz del Señor por el conocimiento, la sabiduría y la estrategia.

2. El siervo de Dios debe estar siempre en contacto con Dios y saber cuáles son las intenciones de Dios en cualquier batalla espiritual.

3. Con demasiada frecuencia el siervo de Dios terminara cometiendo un naufragio espiritual. ¿Cuál es la razón para esto? La razón simple: no se da tiempo para escuchar la voz de Dios durante la batalla. Si aún no lo has descubierto, es hora ¡no somos tan inteligentes!

Diario: ¿Qué me está diciendo Dios?

*Fecha:*_____

_____

_____

_____

_____

_____

_____

_____

_____

_____

Día 20: ¡Escuchar a Dios Cuando Hay Necesidad Económica Personal!

Escrituras:

"Entonces vino a él palabra de Jehová, diciendo: Levántate, ve a Sarepta, que es de Sidón, y mora allí. Mira, he mandado allí a una viuda que te mantenga. Así que se levantó y fue a Sarepta. Y cuando llegó a la puerta de la ciudad, he aquí una viuda que estaba allí recogiendo leña. Y él la llamó y le dijo: "Por favor, tráeme un poco de agua en una taza, para que pueda beber". Y cuando ella iba a tomarlo, él la llamó y le dijo: "Por favor, tráeme un bocado de pan en tu mano". Entonces ella dijo: Vive Jehová tu Dios, que no tengo pan, sino un puñado de harina en una tinaja, y un poco de aceite en una tinaja; y mira, estoy juntando un par de leños para entrar y prepararlo para mí y para mi hijo, para que podamos comerlo y morir. Y Elías le dijo: "No temas; ve y haz como has dicho, pero hazme primero una torta pequeña y tráemela; y después haz algo para ti y para tu hijo. Porque así dice el SEÑOR Dios de Israel: 'La harina de la vasija no se agotará, ni el aceite de la vasija se agotará, hasta el día en que el SEÑOR haga llover sobre la tierra.'" Entonces ella se fue e hizo según a la palabra de Elías; y ella, él y su casa comieron durante muchos días. La tinaja de la harina no se agotó, ni la tinaja del aceite se secó, conforme a la palabra de Jehová que habló por medio de Elías." (1 Reyes 17:8-16)

1. Cuando esté en lucha con las finanzas y la provisión diaria:

     [ ] ¡Dé! Incluso si es una pequeña ofreda.

     [ ] Confía en Dios con lo poco que tienes y mira cómo se multiplica.

     [ ] No te abstengas de bendecir a alguien. (Esta es una trampa para mantenerte atado y temeroso.)

     [ ] Si no tienes un ministerio o una iglesia a la que asistes, ¡entonces ve y encuentra a un vagabundo y cómprale el

almuerzo y sé una bendición en su vida! Esto establecerá el favor de Dios en moción en su nombre.

Diario: ¿Qué me está diciendo Dios?
Fecha: _____

_____

_____

_____

_____

_____

_____

_____

_____

_____

Día 21: ¡Escuchar a Dios Cuando Nos Invita a Movernos con Él!

Escrituras:

"Ese mismo día, cuando llegó la tarde, les dijo: "Pasemos al otro lado". Ahora bien, cuando hubieron dejado la multitud, lo llevaron en la barca tal como estaba. Y otras barquitas estaban también con él. Y se levantó una gran tormenta de viento, y las olas se abalanzaron sobre la barca, de modo que ya se estaba llenando. Pero Él estaba en la popa, dormido sobre una almohada. Y lo despertaron y le dijeron: "Maestro, ¿no te importa que perezcamos?" Entonces se levantó y reprendió al viento, y dijo al mar: "¡Calla, enmudece!" Y el viento cesó y hubo una gran calma. Pero Él les dijo: "¿Por qué tenéis tanto miedo? ¿Cómo es que no tienes fe?" Y temieron sobremanera, y se decían unos a otros: ¿Quién es éste, que hasta el viento y el mar le obedecen?" (San Marcos 4:35-41)

1. Dios conoce nuestra fuerza espiritual y nivel de fe.

2. ¡Cada vez que Él nos invita a caminar con Él, es una invitación a crecer en Él!

3. Seguir a Jesús produce oportunidades de crecimiento y madurez espiritual.

4. Seguir a Cristo no es algo popular en nuestra época. Entonces aquellos que lo siguen, verdadaderamente lo hacen porque lo aman y quieren conocerlo más profundamente.

Diario: ¿Qué me está diciendo Dios?

Fecha: _____

_____

_____

_____

_____

_____

_____

_____

_____

_____

¡CAMINANDO EN LA FE VERDADERA!

Día 22: ¿Qué es la Fe?

Escrituras:

"AHORA LA FE es la certeza (la confirmación, el título de propiedad) de las cosas que [esperamos], siendo la prueba de las cosas [que] no vemos y la convicción de su realidad [fe percibiendo como hecho real lo que no es revelado a los sentidos]". (Hebreos 11:1 - Versión Ampliada)

1. ¡La fe no es una ilusión! ¡La fe puede ser ciega a nuestra carne, pero no a nuestro espíritu!

2. Mucha gente piensa que la fe es algo que encuentras dentro de ti mismo y declaras que es Dios.

3. La fe tiene dos lados: metafísico y espiritual. Demasiados creyentes están caminando en carne moviéndose en la fe metafísica. Esta es una fe carnal nacida de nuestro propio intelecto.

4. Fe real, fe que mueve montañas, esa fe celestial La fe de la que Jesús habló cuando dijo que necesitábamos un poco de la fe de la semilla de mostaza, solo puede ser depositada por Dios en nuestro hombre interior. No naces con esta fe; el Señor mismo lo da como le parece.

5. Asegúrese de que cuando haga decretos, declaraciones u ore en respuesta a una promesa, palabra o sueño profético; ¡asegúrate de que Dios lo haya depositado en tu espíritu! ¡Tenga cuidado y asegúrese de que no se está moviendo en ilusiones carnales!

6. La Escritura anterior también nos dice que "¡ahora la fe es!"

7. Esto significa que la fe es ahora. En otras palabras, cuando Dios te dice algo o te hace una promesa,

8. ¡La fe se ha activado en el cielo! Todo lo que debemos hacer es creer lo que Dios nos dijo y caminar como alguien que tiene acaba de recibir un "título de propiedad" de esa promesa. ¡Es tan bueno como hecho! Una cosa es obligarnos a creer algo que Dios nunca habló en nuestro espiritual.

9. ¡Una cosa es obligarnos a creer algo que Dios nunca habló en nuestro espiritual ser; pero es totalmente otra cosa cuando Dios deposita la fe en nosotros y creemos.

10. Mientras te mueves con Dios a través de este ayuno, pídele usted mismo, "¿Estoy siguiendo a Cristo por la fe?" "¿Estoy por fe, confiándole a Él mis finanzas, mi familia, mi ministerio, mi negocio?" ¿Me ha dado Él un "título de propiedad" con respecto a mi familia, mi negocio, mi ministerio, etc.?

Día 23: ¡Sin Fe es Imposible!

Escrituras:
"Pero sin fe es imposible agradarle, porque es necesario que el que se acerca a Dios crea que Él existe, y que es galardonador de los que le buscan con diligencia." (Hebreos 11:6)

1. La Escritura es muy clara acerca de un asunto aquí: dice: "Sin fe, es imposible agradarle..."

2. ¿Qué te dice este versículo? (Por favor comparte tus pensamientos abajo.)

Diario: ¿Qué me está diciendo Dios?
Fecha: _____

_____
_____
_____
_____
_____
_____
_____
_____

Día 24: ¡ La Fe Real Es la Economía de Dios!

Escrituras:

"Pero sin fe es imposible agradarle, porque es necesario que el que se acerca a Dios crea que Él existe, y que es galardonador de los que le buscan con diligencia." (Hebreos 11:6)

1. La fe es la moneda del reino de Dios. Dios siempre recompensará a aquellos que diligentemente buscarlo o confiar en Él.

2. ¿Cuánto de esta verdadera fe posee actualmente?

3. Verás, *sin* FE no podemos. . .
   a) Ver a Dios moviéndose.
   b) Sentir a Dios moviéndose
   c) Escuchar a Dios guiando.
   d) Probar la bondad de Dios.
   e) Experimentar Su belleza.
   f) En pocas palabras, ¡ni siquiera podemos complacerlo!

Diario: ¿Qué me está diciendo Dios?

Fecha: _____

_____

_____

_____

_____

_____

_____

_____

_____

_____

Día 25: La Fe DE Dios VS. Fe en Dios.

Escrituras:

"Ahora bien, por la mañana, al pasar, vieron que la higuera se había secado desde las raíces. Y Pedro, acordándose, le dijo: "Rabí, ¡mira! La higuera que maldijiste se ha secado. Entonces, Jesús respondió y les dijo: "Tengan fe en Dios. Porque de cierto os digo, cualquiera que dijere a este monte: Quítate y échate en el mar, y no dudare en su corazón, sino creyere que se hará lo que dice, todo lo que diga le será hecho. Por eso os digo que todo lo que pidiereis orando, creed que lo recibiréis, y lo tendréis." (San Marcos 11:20-24)

1. En este versículo específico, Jesús les dice a los discípulos después de ver la higuera seca: "Tengan fe en Dios". La interpretación correcta en el idioma original dice: "Ten fe DE Dios", no EN Dios.

2. Mis amigos, la fe DE Dios es lo que necesitamos entre nosotros. Obtenemos este tipo de fe descargada en nosotros al pedírsela a Dios.

3. Tener fe EN Dios, no es lo mismo que tener la fe DE Dios.

   a) Tener fe EN Dios simplemente significa que reconocemos Su existencia y participación en nuestras vidas.

   b) Tener fe DE Dios significa que nosotros convertirse en portadores de la misma sustancia celestial que Dios tiene, y esta fe lo mueve a actuar en nuestro nombre aquí en la tierra.

Diario: ¿Qué me está diciendo Dios?

*Fecha:*_____

_____

_____

_____

_____

_____

_____

_____

_____

_____

Día 26: ¡Tener la Fe de Dios Cuando Nada Está Sucediendo en lo Externo!

Escrituras:

"Entonces subió a una de las barcas, que era de Simón, y le pidió que se alejara un poco de tierra. Y se sentó y enseñó a las multitudes desde la barca. Cuando terminó de hablar, le dijo a Simón: "Rema mar adentro y echa las redes para pescar". Pero Simón respondió y le dijo: "Maestro, hemos trabajado toda la noche y no hemos pescado nada; sin embargo, en tu palabra echaré la red." Y cuando hubieron hecho esto, pescaron una gran cantidad de peces, y su red se estaba rompiendo". (San Marcos 5:3-6)

1. Tratar de hacer que las cosas sucedan por nuestra cuenta y fuerza solo terminará en improductividad y desilusión.

2. A veces tratamos de arreglar una situación en un área particular en nuestras vidas en vano. Aunque tratamos y tratamos, nuestros buenos esfuerzos, por buenos que sean, no lo lograrán. ¿Por qué no?

3. Creo que algunas cosas están reservadas para la revelación de Dios. El Señor desea en señarnos Su estrategia, Sus caminos perfectos, etc

4. Prestémonos a la voz del Señor – Él nos instruirá en consecuencia.

Diario: ¿Qué me está diciendo Dios?

Fecha: _____

_____

_____

_____

_____

_____

_____

_____

_____

_____

Día 27: ¡Arrebatando lo Que Sabes que Es Tuyo!

Escrituras:

"Y he aquí una mujer enferma de flujo de sangre desde hacía doce años, se le acercó por detrás y tocó el borde de su manto; porque decía dentro de sí: Si tocare solamente su manto, seré salva. Pero Jesús, volviéndose y mirándola, dijo: Ten ánimo, hija; tu fe te ha salvado. Y la mujer fue salva desde aquella hora." (Mateo 9:20-22)

1. A veces la fe de Dios se deposita en nuestros corazones, y sabemos que, Dios ha hecho algo en lo profundo.

2. Aunque externamente puede que no veamos los resultados todavía, sabemos en nuestros corazones que está llegando y muy pronto. Esta es la fe de Dios en acción.

3. Creo que esta mujer con el tema de sangre sabía en su corazón que su sanidad estaba por llegar, y cuando Jesús apareció, aprovechó la oportunidad sin importarle lo que pensara de ella.

4. ¡Esta es la actitud en la que debemos caminar para el resto de nuestros días!

Diario: ¿Qué me está diciendo Dios?
Fecha: _____

_____

_____

_____

_____

_____

_____

_____

_____

Día 28: ¡La Incredulidad Debe Ser Desechada y Eliminada!

Escrituras:

"Al entrar Jesús en la casa del principal, viendo a los que tocaban flautas, y la gente que hacía alboroto, les dijo: Apartaos, porque la niña no está muerta, sino duerme. Y se burlaban de él. Pero cuando la gente había sido echada fuera, entró, y tomó de la mano a la niña, y ella se levantó. Y se difundió la fama de esto por toda aquella tierra." (San Mateo 9:23-26)

1. ¡La fe real tiene un enemigo! Es un enemigo muy poderoso. ¡Se llama incredulidad!

2. La incredulidad es tan poderosa que aquellos que son poseídos por ella, no verán a Dios en acción. ¿Adivina qué? La incredulidad debe ser desechada y eliminada de nuestra esfera.

3. ¿Cómo hacemos esto? Debemos sacar de nuestras vidas: programas de televisión, revistas, libros, videos de YouTube y redes sociales que vayan en contra de la fe de Dios. Además, hay personas que nos rodean a diario que no son personas de fe, ¡deben irse!

4. La fe real puede generarse cuando nos rendimos al liderazgo del Espíritu Santo. ¡La oración, el ayuno y la lectura de la Palabra de Dios nos encenderán en Dios!

Diario: ¿Qué me está diciendo Dios?
Fecha: _____

_____
_____
_____
_____
_____
_____
_____
_____
_____
_____

¡CAMINANDO EN EL ESPÍRITU!

Día 29: Cultivando el Fruto del Espíritu - Amor y Alegría.

Escrituras:

"Mas el fruto del Espíritu es amor, gozo, paz, paciencia, benignidad, bondad, fe, mansedumbre, templanza; contra tales cosas no hay ley." (Gálatas 5:22, 23)

1. Siempre tenga en cuenta que el fruto del Espíritu es impartido en nuestros corazones por el Espíritu de Dios, pero debe desarrollarse diariamente.

2. Cada experiencia que tú y yo enfrentemos, será una oportunidad para desarrollar el fruto del Espíritu en nuestras vidas.

3. A diferencia de los dones del Espíritu, el fruto del Espíritu es algo que debe ser cultivado y desarrollado intencionalmente.

4. No hay manera fácil de aprender a caminar en el fruto del Espíritu; uno debe hacer la elección a medida que se le desafía a diario.

El primer fruto del Espíritu que está en la lista de Pablo es el AMOR. ¿Que es el amor? El amor aquí es una fuerte emoción positiva de consideración y emoción.

Debemos llegar al lugar donde nos movemos en el amor diariamente. Debemos aprender a aplicar este amor en todos los ámbitos de nuestra vida. Debemos aprender a ver el amor desde la perspectiva de Dios y no desde un tipo de amor condicionado y dirigido por humanos.

Su amor era incondicional, y debemos convertirnos en nuestro objetivo tener el mismo tipo de amor.

[ ] ¿Se ha desarrollado su amor en el sentido de que se ha vuelto incondicional como el amor de Jesús?

[ ] ¿Le resulta difícil amar a los "antipáticos"?

[ ] ¡Si no te amas a ti mismo, no amarás a nadie más! Medita en esto y preséntalo ante Dios.

El segundo fruto que vemos en la lista de Pablo es el cultivo de la ALEGRÍA. ¿Qué es la ALEGRÍA? El Nuevo Testamento dice que la alegría es la emoción de una gran felicidad y placer. Ahora bien, el Antiguo Testamento (hebreo) saca a la luz la palabra alegría como premio a la fidelidad a la Ley en Is. 65:13.; Proverbios. 10:28. En otras palabras, cuando estamos caminando en y bajo el orden divino de Dios, el gozo inundará nuestros corazones. En Gálatas 5, Pablo nos está diciendo que caminemos en el orden divino, para que el gozo pueda inundar nuestros corazones diariamente.

1. ¿Estás caminando en el gozo del Señor? El gozo del Señor no tiene nada que ver con

sonrisas tontas y risas escandalosas; tiene que ver con nuestra alineación con el corazón y la voluntad de Dios. Si andamos en la voluntad de Dios, ¡tendremos gozo!

Diario: ¿Qué me está diciendo Dios?
Fecha: _____

_____

_____

_____

_____

_____

_____

_____

_____

_____

Día 30: Cultivando el Fruto del Espíritu - Paz y Paciencia.

Escrituras:
"Mas el fruto del Espíritu es amor, gozo, paz, paciencia, benignidad, bondad, fe, 23 mansedumbre, templanza; contra tales cosas no hay ley." (Gálatas 5:22, 23)

Aquí hay un par más de los frutos del Espíritu enumerados por el Apóstol Pablo. Comencemos donde lo dejamos con el fruto de la PAZ. ¿Qué es la PAZ? La paz no es solo que dos personas se lleven bien, es más profunda que eso; la paz es *un estado* de estar en paz. Saber que no estás en guerra o en conflicto con alguien, trae paz. Pablo dice que tener este estado de paz es un fruto que se puede desarrollar. Tener un estado de paz sobre ti es verdaderamente notable y será emulado por otros cuando vean la tranquilidad que te rodea.

1. ¿Estás en paz con Dios?

2. ¿Estás en paz contigo mismo?

3. ¿Estás en paz con los demás?

Otro fruto de la lista es LA PACIENCIA. ¿Qué es PACIENCIA? La paciencia es soportar pacientemente el dolor o la infelicidad. En la idea original de longanimidad, el Apóstol Pablo está representando una imagen de esta palabra. Lo que el Apóstol Pablo tiene en mente es que la longanimidad es la firmeza del general o soldado para soportar las penalidades, es decir, "aguante" hasta alcanzar una meta. O como un verbo que se encuentra en el mismo sentido cuando se compara a los que están enfrascados en la batalla de la vida con los nadadores en el mar que buscan seguridad en la orilla.

1. ¿Te rindes fácilmente cuando vas "cuesta arri ba" en la vida?

2. ¿Cambias rápidamente tu curso simple porque las cosas se ponen difíciles para ti; o por no conseguir lo que quieres o deseas?

3. ¡La paciencia es un fruto tan necesario para cualquier persona que cree en Su futuro!

Diario: ¿Qué me está diciendo Dios?
Fecha: _____

_____

_____

_____

_____

_____

_____

_____

_____

Día 31: Cultivando el Fruto del Espíritu - Bondad.

Escrituras:

"Mas el fruto del Espíritu es amor, gozo, paz, paciencia, benignidad, bondad, fe, mansedumbre, templanza; contra tales cosas no hay ley." (Gálatas 5:22, 23)

Miremos el fruto de la BONDAD. ¿Qué quiso decir el Apóstol Pablo cuando mencionó la BONDAD como un fruto? Qué es la BONDAD? La amabilidad es la cualidad de ser afectuoso, considerado, humano, amable y comprensivo. Hay una calidez de corazón que viene dentro de nosotros cuando el Espíritu Santo se apodera de nuestras vidas. Este es definitivamente un fruto que debemos reconocer y cultivar en nuestro corazón.

1. ¿Has encontrado este fruto operando en tu propia vida?

2. A veces Dios permite que se nos presenten desafíos en los que debemos poner en práctica este tipo de bondad. Aprenda a reconocer al Señor en el trabajo y haciendo que la oportunidad esté disponible para que podamos cultivar esta bondad piadosa.

Diario: ¿Qué me está diciendo Dios?

Fecha: _____

_____

_____

_____

_____

_____

_____

_____

_____

_____

Día 32: Cultivando el Fruto del Espíritu - Benignidad.

Escrituras:

"Mas el fruto del Espíritu es amor, gozo, paz, paciencia, benignidad, bondad, fe, mansedumbre, templanza; contra tales cosas no hay ley." (Gálatas 5:22, 23)

Desde la perspectiva de Pablo, también enumeró la BENIGNIDAD como un fruto del Espíritu. ¿Qué significa BENIGNIDAD en su contexto original? La palabra BENIGNIDAD significa la cualidad de la excelencia moral, especialmente como una cualidad que no está estancada, sino que se desarrolla activamente por sí misma. Lo opuesto a esto sería una persona que está llena de sí misma o alguien con un gran ego.

Las personas que caminan en el Espíritu, son personas que trabajan continuamente para ser cada vez más como Jesús. ¡No están contentos con lo que han logrado hasta ahora; también son personas que no se sientan debido a fallas. Se levantan de las cenizas y persiguen el corazón de Dios pase lo que pase. ¡La benignidad es su objetivo!

1. ¿Has encontrado este fruto operando en tu propia vida?

2. A veces Dios permite que se nos presenten desafíos en los que debemos poner en práctica este tipo de bondad. Aprenda a reconocer al Señor en el trabajo y haciendo que la oportunidad esté disponible para que poda mos cultivar esta bondad piadosa.

Diario: ¿Qué me está diciendo Dios?
*Fecha:*_____

_____

_____

_____

_____

_____

_____

_____

_____

_____

Día 33: Cultivando el Fruto del Espíritu Fidelidad.

Escrituras:

"Mas el fruto del Espíritu es amor, gozo, paz, paciencia, benignidad, bondad, fe, mansedumbre, templanza; contra tales cosas no hay ley." (Gálatas 5:22, 23)

Sumerjámonos en el fruto de la FIDELIDAD. Fidelidad en este texto significa la cualidad de ser fiel. Es aún más profundo: también confirma las cualidades de un individuo fiel, como la confianza, la confianza. También, una persona que es digna de confianza o confiable. Finalmente, alguien que trae seguridad.

Este fruto es muy importante para cultivar y desarrollar si Dios alguna vez va a usarnos de alguna manera en Su reino. Ves, uno debe estar lleno de fidelidad antes de que se le pueda confiar con llaves de autoridad.

1. Como siervo de Dios, ¿tiene la gente confianza

¿en ti? ¿Confían en ti?

2. ¿Has demostrado ser digno de confianza en las cosas pequeñas?

3. ¿Traes seguridad a otro individuo, a tu familia, a tu empresa, a tu trabajo o ministerio?

Diario: ¿Qué me está diciendo Dios?
Fecha: _____

_____

_____

_____

_____

_____

_____

_____

_____

_____

Día 34: Cultivando el Fruto del Espíritu - Mansedumbre.

Escrituras:
"Mas el fruto del Espíritu es amor, gozo, paz, paciencia, benignidad, bondad, fe, mansedumbre, templanza;

contra tales cosas no hay ley." (Gálatas 5:22, 23)

Hemos cubierto bastante en el fruto del Espíritu y hay una razón por la que comparto estos pensamientos contigo. Si no podemos captar lo que el Espíritu está haciendo DENTRO de nosotros, ¡también podríamos olvidar lo que Él quiere hacer A TRAVÉS de nosotros.

Estudiemos ahora el fruto de la MANSEDUMBRE. Esta palabra significa actuar de una manera gentil, apacible y ecuánime.

Una persona que ha permitido que Dios se ocupe de ella, especialmente en su carácter, desarrollará rápidamente este tipo de bondad piadosa. Hacer lo contrario de lo que es el fruto del Espíritu, sería un individuo que normalmente se irrita con facilidad e inmediatamente pierde el control de sus emociones. Mansedumbre; y las personas de modales apacibles tienden a andar en el fruto y el espíritu de mansedumbre.

> 1. ¿Cuándo fue la última vez que perdiste tu control, y sus emociones sacaron lo mejor de usted y lo dejaron arrepintiéndose o pidiendo perdón a alguien?

2. La mansedumbre es verdaderamente una
característica de una persona madura

Diario: ¿Qué me está diciendo Dios?
Fecha: _____

_____

_____

_____

_____

_____

_____

_____

_____

_____

Día 35: Cultivando el Fruto del Espíritu – Autocontrol.

Escrituras:

"Mas el fruto del Espíritu es amor, gozo, paz, paciencia, benignidad, bondad, fe, mansedumbre, templanza; contra tales cosas no hay ley." (Gálatas 5:22, 23)

Finalmente, al llegar al último de los frutos del Espíritu enumerados aquí en Gálatas, veamos el AUTODOMINIO. ¿Qué es el AUTOCONTROL? El dominio propio denota poder o señorío, y expresa el poder o señorío que uno tiene sobre sí mismo o sobre algo. ¿Tu recibiste esto?

¡Esta palabra tiene que ver con tener el poder o la habilidad de señorío para decir NO a uno mismo! Cuando esté en tentación, en prueba, en una crisis, en dificultad, en modo de toma de decisiones, ¿permanecerá en Cristo y hará lo que Jesús haría O hará lo que su carne desea hacer?

1. Se necesita autocontrol para poder seguir la voluntad de Dios. La voluntad de Dios definitivamente no es lo mismo que la voluntad del hombre.

2. ¿Eres lo suficientemente fuerte para elegir a Dios y no tus deseos carnales?

Diario: ¿Qué me está diciendo Dios?
Fecha: _____

_____
_____
_____
_____
_____
_____

_____

_____

_____

_____

¡EN LAS VISIONES DE DIOS!

Día 36: ¡Asegúrate de que Tu Visión Fue Iniciada por Dios!

Escrituras:

"El SEÑOR le dijo a Abram: «Deja tu tierra, tus parientes y la casa de tu padre, y vete a la tierra que te mostraré.

» Haré de ti una nación grande,
    y te bendeciré;
haré famoso tu nombre,
    y serás una bendición.
Bendeciré a los que te bendigan
    y maldeciré a los que te maldigan;
¡por medio de ti serán bendecidas
    todas las familias de la tierra!»

Abram partió, tal como el SEÑOR se lo había ordenado, y Lot se fue con él. Abram tenía setenta y cinco años cuando salió de Jarán." (Génesis 12:1-4)

1. El Señor es el dador de la visión. Toda visión comienza en Su corazón y lo comparte con el nuestro.

2. Si Dios nos da visión, podemos estar seguros de que lo hará. muéstranos cómo salir.

3. ¡Nunca haga grandes movimientos consecuentes que Dios no haya iniciado y luego espere que Él los bendiga!

4. Abraham fue guiado por Dios a mudarse a una tierra que Más tarde se lo mostraría. Fue Dios quien impartió esto a su hombre-interior (den tro de su espíritu.)

Diario: ¿Qué me está diciendo Dios?
Fecha: _____

_____
_____
_____
_____
_____
_____
_____
_____

Día 37: ¡Dios Sostendrá Su Visión!

Escrituras:

"Después de estas cosas vino la palabra de Jehová a Abram en visión, diciendo: No temas, Abram; yo soy tu escudo, y tu galardón será sobremanera grande. Y respondió Abram: Señor Jehová, ¿qué me darás, siendo así que ando sin hijo, y el mayordomo de mi casa es ese damasceno Eliezer? Dijo también Abram: Mira que no me has dado prole, y he aquí que será mi heredero un esclavo nacido en mi casa. Luego vino a él palabra de Jehová, diciendo: No te heredará este, sino un hijo tuyo será el que te heredará. Y lo llevó fuera, y le dijo: Mira ahora los cielos, y cuenta las estrellas, si las puedes contar. Y le dijo: Así será tu descendencia." (Génesis 15:15)

1. Después de que Dios nos da la visión, solo Él es el quien sostiene esa visión.

2. A veces, sentimos que Él nos ha dado una visión y luego nos abandona para que nos ocupemos de todo por nosotros mismos. ¡Este no es el caso!

3. Aunque a veces sentimos que nada está

sucediendo, Él aparecerá de nuevo y volverá a encender esa visión en nuestros corazones.

4. Si Dios te llamó a hacer algo, Él lo hará realidad.

Diario: ¿Qué me está diciendo Dios?
Fecha: _____

_____

_____

_____

_____

_____

_____

_____

_____

_____

Día 38: ¡Dios Abre Mis Ojos para Ver!

Escrituras:

"Y se levantó de mañana y salió el que servía al varón de Dios, y he aquí el ejército que tenía sitiada la ciudad, con gente de a caballo y carros. Entonces su criado le dijo: ¡Ah, señor mío! ¿qué haremos? Él le dijo: No tengas miedo, porque más son los que están con nosotros que los que están con ellos. Y oró Eliseo, y dijo: Te ruego, oh Jehová, que abras sus ojos para que vea. Entonces Jehová abrió los ojos del criado, y miró; y he aquí que el monte estaba lleno de gente de a caballo, y de carros de fuego alrededor de Eliseo." (2 Reyes 6:15-17)

1. Ver el reino invisible, es uno de los mayores beneficios para cualquier creyente lleno del espíritu.

2. Si sientes que tu vida está estancada, pídele a Dios para mostrarte. Si sientes que tu vida está fuera de lugar, pídele a Dios que te lo muestre.

3. Si siente que Dios tiene algo reservado para usted o su futuro, pídale a Dios que se lo muestre.

4. Creo que el Señor quiere que veamos Su plano para nuestras vidas tal como Él las diseñó.

5. ¡Cuando esté en batalla espiritual; cuando llega el miedo; cuando te sientes atrapado y

abrumado; ¡Pídele a Dios que te abra los ojos! Él lo hará.

Diario: ¿Qué me está diciendo Dios?
Fecha: _____

_____

_____

_____

_____

_____

_____

_____

_____

_____

Día 39: ¡Viviendo la Vida Ascendida!

Escrituras:

"Pero Dios, que es rico en misericordia, por su gran amor con que nos amó, aun estando nosotros muertos en pecados, nos dio vida juntamente con Cristo (por gracia sois salvos), y juntamente con él nos resucitó, y asimismo nos hizo sentar en los lugares celestiales con Cristo Jesús." (Efesios 2:46)

1. ¡Estar en Jesús es tener una mentalidad de victoria; una mentalidad que nos enseña que ahora somos sentado con Él en los lugares celestiales!

2. Cuando el diablo entra como león rugiente tratando de devorarnos (1 Pedro 5:8), no nos puede encontrar. ¿Por qué no? Porque no estamos en su reino (reino carnal) – estamos en el reino de Dios (en el espíritu, sentados en los lugares celestiales).

3. Cuando Cristo nos dio vida en Él, ¡Él nos resucitó juntos y nos hizo sentar juntos en los lugares celestiales en Cristo Jesús! ¡Esto es un hecho!

Diario: ¿Qué me está diciendo Dios?
Fecha: _____

_____

_____

_____

_____

_____

_____

_____

_____

_____

_____

_____

Día 40: ¡Jesús Nos Manda a Ir!

Escrituras:

"Jesús se acercó y les habló diciendo: Toda potestad me es dada en el cielo y en la tierra. Por tanto, id, y haced discípulos a todas las naciones, bautizándolos en el nombre del Padre, y del Hijo, y del Espíritu Santo; enseñándoles que guarden todas las cosas que os he mandado; y he aquí yo estoy con vosotros todos los días, hasta el fin del mundo." Amén. (San Mateo 28:18-20)"

1. ¡Debemos ser rápidos para oír y rápidos para obedecerle!

2. Jesús dijo "¡Id!" Esta fue la Gran Comisión; ¡NO es la Gran *Sugerencia*!

3. Debemos desarrollar una mentalidad de cristianismo orientada al alcance.

4. Permita que su alcance sea tanto LOCAL

como GLOBAL. La gente necesita a Jesús al otro lado de la calle de donde vivimos, así como al otro lado del océano en tierras extranjeras.

5. Dios nos ha equipado con la habilidad y el talento para tener un impacto en nuestras vidas. Simplemente al obedecer Su Palabra, seremos responsables por lo que Él nos dijo que hiciéramos antes de partir

Diario: ¿Qué me está diciendo Dios?
Fecha: _____

_____

_____

_____

_____

_____

_____

_____

_____

_____

Para Mas Recursos

Escritos por David Mayorga

La mayoría de los productos de Shabar Publications están disponibles con descuentos especiales por cantidad para compras al por mayor para promociones de ventas, recaudación de fondos y necesidades educativas, favor de escribir a Shabar Publications al correo electronico:

mayorga1126@gmail. com

Para la compra de más libros escritos por David Mayorga, visite nuestra librería en:

www.shabarpublications. com

www.ingramcontent.com/pod-product-compliance
Lightning Source LLC
Chambersburg PA
CBHW071406120626
46546CB00002B/834